Jul Oppermann

Freiherr Carl vom Stein und das Kleinstaatentum

Jul Oppermann

Freiherr Carl vom Stein und das Kleinstaatentum

ISBN/EAN: 9783742867674

Hergestellt in Europa, USA, Kanada, Australien, Japan

Cover: Foto ©ninafisch / pixelio.de

Manufactured and distributed by brebook publishing software (www.brebook.com)

Jul Oppermann

Freiherr Carl vom Stein und das Kleinstaatentum

Freiherr Carl vom Stein

und das

Kleinstaatenthum.

Mit besonderer Beziehung auf das Herzogthum Nassau

von

Jul. Oppermann.

Wiesbaden.
Verlag von Christian Limbarth.
1866.

Vorrede.

Mit dem Klein- und Rheinbunds-Fürstenthum wollte Stein schon 1813 nach der Schlacht bei Leipzig entschieden ein Ende machen, und nur durch die Ränke Oesterreichs wurde er hieran verhindert. Seine Absichten in dieser Hinsicht und seine Ansichten über die Kleinstaaterei, die Hoffnungslosigkeit des „Bundestags", und die hoffnungsreiche Zukunft Preußens gerade in dieser Zeitlage, wo endlich der von Stein vergeblich herbeigesehnte rüstige Schnitter für die aus Rheinbundsverrätherei und egoistischer Kleinstaaterei üppig aufgesproßte Saat des Unrechts herbeigekommen ist, — — meinen Landsleuten vorzuführen, deuchte mir kein ganz verdienstloses Unternehmen. Zumal noch gar manche Deutsche, anstatt sich an der Thatkraft und den reifen Lebensanschauungen der wenigen großen, im Kampf mit dem Leben ergrauten „Staatsmänner" Deutschlands aus neuerer Zeit, zu erfrischen, die blassen Theorieen thatenloser Doctrinäre nachbuchstabiren.

Die Stellung Stein's zur Preußischen Monarchie bedurfte keiner lang ausgesponnenen Abhandlung, da es zu bekannt ist, daß er nicht blos zu den entschiedensten „Anhängern" derselben gehörte, sondern daß er zu den berühmten „Fundatoren" dieses Gemeinwesens gezählt wird.

Der „Entwicklung" des Kleinstaats Nassau ist der größte Theil der vorliegenden Schrift gewidmet. Ueber dessen politische Zustände in den ersten Decennien unseres Jahrhunderts liegen höchst schätzbare Urtheile Stein's vor. Sie hoben die Fehler und Gebrechen, die diesem Staate seit seiner Geburt anklebten, mit großer Einsicht und Schärfe hervor und weissagten ihm den Ausgang, den er in diesen Tagen genommen. An diese Urtheile Stein's anknüpfend, war es mir darum zu thun, die gänzliche Hoffnungslosigkeit und Unfähigkeit der Kleinstaaterei an einem concreten Falle darzuthun. Dies schien schon deshalb nicht überflüssig, weil immer noch nicht blos Hofköche, Hofkellermeister und Hofschauspieler, sondern sogar in Historien und politischen Schriften „viel-erfahrene" Gelehrte die Nothwendigkeit, oder doch den Nutzen des Kleinstaatenthums behaupten. Es soll nach diesen die „Wiege der Bildung" sein. Man verlasse doch endlich einmal diesen so oft betretenen Gemeinsatz. Kleinstaaten können weder Edelsinn, noch

Hochherzigkeit, weder Gemeinsinn noch wahre Vaterlandsliebe in der Masse des Volks erzeugen. Ihr Fluch ist Thatenarmuth. Ihre Früchte sind Beschränktheit, Flachheit, Selbstüberschätzung. Hier also wird die Gattung der Poesie, die die Geißel des Spotts schwingt, nicht aber jene, die sich an großen Thaten und Heldenfiguren erwärmt, Stoff finden.

Fort und fort pflegt man auch die Begriffe „Einheitsstaat" und „Centralisationsstaat" mit einander zu verwechseln. In einem großen Staate, mit einheitlicher Lenkung in militärischen und diplomatischen Dingen, können die Interessen und Angelegenheiten der Provinzen, der Bezirke, der Kreise, der Gemeinden, der Corporationen, der Vereine und Genossenschaften von der Vormundschaft der Bureaukratie in sehr entschiedener Weise befreit werden. Ist doch z. B. gerade in Preußen der seiner Besonderheit im großen Ganzen bewußte Geist der einzelnen Provinzen ein recht lebendiger; haben doch die Rheinländer, die das Gefühl ihrer „Zusammengehörigkeit" zur Zeit des deutschen Reichs, d. h. zur Zeit ihrer Vertheilung auf sehr viele kleine, geistliche und weltliche Territorien, so zu sagen gänzlich eingebüßt hatten, das Bewußtsein ihrer „Stammesgenossenschaft" unter preußischem Scepter erst wieder erlangt.

In den kleinen deutschen Staaten ist dagegen die Gefahr der Centralisation und der unbeschränkten Herrschaft der Büreaukratie besonders groß. An Nassau wird dieses in der vorliegenden Schrift sehr deutlich nachgewiesen werden. Deßhalb taugt auch das System des „Bundesstaats", anstatt völliger Verschmelzung, für die deutschen Kleinstaaten — Preußen gegenüber — gar Nichts. Das System des „Bundesstaats" — in Deutschland besonders aus dem unlogischen Streben die ganz und gar unverträglichen Principien: „germanisches Großkönigthum" und „rheinbündlerisches Kleinfürstenthum" miteinander auszusöhnen, hervorgegangen — würde den bloßen „Bundesgenossen" wesentlich Pflichten des Militärdienstes und so fort zubringen, ohne die Rechte und Vortheile, die ein großer Staat in so vielen Hinsichten bietet; — würde die „Kleinstaaten" mit der Gefahr einer lästigen „Vielschreiberei" und „Vielregiererei" in den der Competenz des Kleinstaatenregiments noch überlassenen Gebieten, stark bedrohen.

Da ich ein „Princip" — das der Kleinstaaterei — von dessen großer Gemeinschädlichkeit ich seit vielen Jahren tief durchdrungen bin, bekämpfe, — so habe ich es vermieden, Angriffe gegen „Personen" zu richten. Was speciell den nassauischen Beamtenstand anlangt, so halte ich es für Pflicht, hier zu erklären, daß es unter seinen Mitgliedern nicht wenige talentvolle, kenntnißreiche und ehrenwerthe gab und giebt. Aber — die Principien sind nun einmal stärker als die Menschen. In der Behandlung der „Sache" gab ich der Wahrheit rücksichtslos die Ehre.

Daß ich so oft Mitglieder der nassauischen Kammermajorität redend einführte, geschah theils der **historischen Genauigkeit** wegen, theils um dem nassauischen Volke zu zeigen, wie richtig die Männer, denen es seit einer Reihe von Jahren mit Recht sein volles Vertrauen geschenkt, die Dinge erfaßt und beurtheilt haben.

Wie nun auch das nassauische Volk über die neue Gestaltung denken mag, — vor allem halte es fest, daß es durch die innige Vereinigung mit Preußen ein **Vaterland** erlangt. Welche Süßigkeit, welche Wonne — endlich ein Vaterland zu besitzen! Denn daß die 80 ☐Meilen mit ihren 28 „Aemtern" und „Amtmännern", mit ihrem „Hof", der seit 50 Jahren bestrebt war, das ganze schöne Land als eine einzige große „Domäne" zu behandeln, ein Vaterland gewesen seien, davon soll mir doch Keiner reden. Und daß das Vaterland des „Bundestags", der „Sängerfeste" u. s. w. dermalen noch in „**Wolkenkukutsheim**" liegt, wird doch manchem Gut- und Leichtgläubigen durch die Geschichte dieses Jahrs klar geworden sein.

Allerdings verlangt der preußische Staat von seinen Angehörigen „Lasten", „Dienste" und „Opfer" — — aber sie werden doch gebracht nicht „**nutzlos**", wie in **Zwergstaaten**, sie werden gebracht für die heilige Sache des Vaterlandes, **für die sein Blut zu vergießen Keiner zu gut ist.**

Und nur dadurch, daß **die Bürger der deutschen Kleinstaaten an den Lasten des preußischen Volks Theil nehmen**, wird es möglich sein, die letztern zu ermäßigen. Und diese Theilnahme ist um so gerechter und billiger, da bisher schon die Bürger dieser Kleinstaaten von den Opfern, die das preußische Volk auf seine Schultern lud, — vielfach „profitirten".

Oder sind die von dem preußischen Volke mit so überaus großen Kosten gegründeten und unterhaltenen Festungen Coblenz und Erfurt nicht weit mehr den diese letzteren umringenden „Kleinstaaten", als den altpreußischen Provinzen zu Gute gekommen? Oder hätten wohl die deutschen Mittel- und Kleinstaaten die überaus großen Segnungen einer fünfzigjährigen Friedensepoche genossen, wenn das von dem preußischen Volk mit so außerordentlichen Opfern aufgebrachte Heer nicht fest und **unabläſſig die „Wacht" am Rhein und an der Weichſel gehalten**?

Im Uebrigen wollen wir hier nicht unerwähnt lassen, daß die beiden Hauptfragen, um deren sachgemäße Lösung seit 50 Jahren vom Volke in Nassau vergebens gekämpft wurde, in Preußen — längst in „**volksthümlicher Weise**" entschieden sind. In der Sitzung der zweiten Kammer des nassauischen Landtags vom 23. April 1864 hat der Abg. Knapp darauf hingewiesen, daß, während in Nassau das 1848 in Betreff des Jagdrechtes erlassene Gesetz — im Jahr 1855 von der nassauischen Regierung wegoctroyirt worden sei — in Preußen das Gesetz von 1848 in demselben Betreff — „geblieben" sei; und in der Sitzung der genannten Kammer vom 18. Juli 1860 hat der Abg. Giebeler, gelegentlich einer Debatte über die nassauische Domänenfrage, bedeutungsvoll hervorgehoben: „daß Preußen alle von den oranischen und geistlichen (Territorien) überkommenen Domänen — Bisthums- und Capitelgüter — in ihrer früheren Qualität als Staatseigenthum anerkannt und belassen habe."

Auch glaube ich, hier noch folgenden Satz des Abg. und geistl. Raths Rau, aus einer von dem letzteren in der Sitzung der 2ten Kammer vom 27. Juni 1866 gehaltenen Rede, registriren zu müssen:

„Ich verkenne es nicht, daß wir dem großen Nachbarstaate Preußen „Vieles zu verdanken haben; insbesondere erkenne ich es als katholischer „Geistlicher an, daß Preußen seit der Thronbesteigung Friedrich Wilhelm IV. „von allen deutschen Staaten zuerst der katholischen Kirche „Freiheit gewährt; auch zur Zeit, als der Kirchenconflict störend auf „unsere öffentliche Verhältnisse einwirkte, erfreute sich die katholische Kirche „in Preußen der durch die Verfassung garantirten Unabhängigkeit und „Freiheit, und auch in dem gegenwärtigen Augenblicke können die Katho- „liken Preußens eine pflichtmäßige Thätigkeit in Kirchen- und Schul- „sachen freier und ungehinderter entfalten, als es uns in Nassau „vergönnt ist."

Und schließlich will ich meinen Landsleuten noch in die Erinnerung rufen, daß die Verbindung Nassau's mit dem preußischen Staat — unter dessen starken und kräftigen Adlerfittichen sich nach und nach die so lange getrennten deutschen Stämme einträchtig zusammenfinden — sie mit alten „Stammesbrüdern" und „Staatsgenossen", mit denen sie „Hunderte von Jahren" in Gemeinschaft zusammen gelebt, und von denen sie eine vergangene unheilvolle Diplomatie getrennt, — wieder zusammen führt. So die Bewohner der oranischen Fürstenthümer Diez, Hadamar und Dillenburg mit denjenigen des oranischen Fürstenthums Siegen; so die der in Nassau belegenen, vom Haus Wied ehemals regierten Distrikte mit denjenigen Neuwieds; so die von Usingen, Idstein und Wiesbaden u. s. w. mit denjenigen der Grafschaft Saarbrücken und der Herrschaft Ottweiler; so die der früher zu dem Churstaate Trier gehörigen Orte Montabaur, Limburg, Wallmerod, Niederlahnstein, Vilmar u. s. f. mit denen von Coblenz und Trier; so die der Niedergrafschaft Katzenellenbogen mit denjenigen Hessen-Cassels.

Wiesbaden, den 29. August 1866.

Jul. Oppermann.

Stein und das Klein- und Rheinbunds-Fürstenthum.

Nach Erlaß des „Hauptschlusses der Reichsdeputation" vom 25. Febr. 1803, der den deutschen Reichsverband nicht blos „gelockert", sondern in Wahrheit „aufgelöst" hatte, ging das Bestreben der kleinen deutschen Dynastien, deren Ländergier durch den Gewinn der vormals freien Reichsstädte und der fetten Territorien der geistlichen Churfürsten, der Fürstbischöfe und Aebte ungemein geschärft worden war, lediglich dahin, aus dem Schiffbruch des deutschen Reichs nach Standrechtsweise soviel Land und Herrschaft als nur möglich an sich zu reißen. Die Einheit und Größe des deutschen Vaterlands waren ihnen völlig gleichgültig. An die Stelle des Interesses des deutschen Volkes trat das der kleinen Fürstenhäuser. Gegen den Ablauf des Jahres 1803 begannen die Regierungen von Bayern, Hessen-Darmstadt und Hessen-Cassel ihre Angriffe gegen die Unabhängigkeit der unmittelbaren Reichsritterschaft. Sehr bald schloß sich diesen Uebergriffen die Nassau-Usingische Regierung an. Im Anfang des Jahres 1804 nahm im Namen der letzteren der Nassau-Usingische Amtmann von Oberlahnstein mit Hülfe mitgeführter Soldaten von den der Familie Stein „seit Jahrhunderten" gehörigen Dörfern Frücht und Schweighausen Besitz. Dieser flagrante Rechtsbruch, diese durch Nichts provozirte Gewaltthat verletzte das Rechtsgefühl des Freiherrn Carl vom Stein aufs Tiefste. Von Münster aus schrieb er unter dem 10. Januar 1804 einen Brief an den Fürsten von Usingen, in dem es unter Anderem heißt:

„Teutschlands Unabhängigkeit und Selbstständigkeit wird durch die „Consolidation der wenigen reichsritterschaftlichen Be-„sitzungen mit denen sie umgebenden kleinen Territorien wenig „gewinnen."

„Wird der ritterschaftliche Verein auf eine gewaltsame Art
„zertrümmert, so entsage ich dem Aufenthalt in einem Lande, das
„mich mit Gegenständen bitterer Erinnerungen umgiebt, und wo
„mir alles den Gedanken an den Verlust meiner Unabhängigkeit
„und an meine neuen Fesseln zurückruft."

„Es ist hart, ein erweißlich siebenhundertjähriges Familien=
„eigenthum verlassen und sich in entfernte Gegenden verpflanzen
„zu müssen, die Aussicht aufzugeben, nach einem arbeitsamen, und
„ich darf es sagen, nützlichen Geschäftsleben im väterlichen Hause,
„unter den Erinnerungen seiner Jugend, Ruhe zu genießen und
„den Uebergang zu einem besseren Seyn zu erwarten. Es ist
„**noch härter, alle diese Opfer nicht irgend einem
„großen edlen, das Wohl des Ganzen fördernden
„Zweck zu bringen, sondern um der gesetzlosen Ueber=
„macht zu entgehen, um** — — —

„**Doch es giebt ein richtendes Gewissen und eine
„strafende Gottheit.**"

Ausdrücklich erklärt Stein in diesem Briefe, daß er die „großen
Zwecke", nämlich die „Unabhängigkeit und Selbstständigkeit Teutschlands"
nur für erreichbar erachte durch die Vereinigung „dieser kleinen Staaten"
mit „großen Monarchien" und er spricht den Wunsch aus, daß „die
Vorsehung gebe, daß er dieses glückliche Ereigniß er=
lebe."

Am 12. Juli 1806 wurde in Paris die Rheinbundsakte unter=
zeichnet. Sechszehn „deutsche" Fürsten unterwarfen sich dem Protektorate
des Mannes, der das deutsche Reich in Stücke zerschlagen. Der Purpur=
mantel der Souveränetät war zu verlockend. Um dieses „Purpurmantels"
willen zogen die Rheinbundfürsten es vor, anstatt treu beim Reich zu
verharren, das französische Joch der Knechtschaft auf sich zu nehmen.
Sie machten sich anheischig, ihre Truppen in den Heeren Napoleons da
kämpfen zu lassen, wo es der Imperator für gut finden würde, sei es
in den Eisgefilden Rußlands, sei es in den heißen Hochebenen Spaniens.
Das war nicht minder ein Verkauf von „Landeskindern", ein Handel
mit Menschenblut, als die von Friedrich dem Großen so streng ver=
dammten Menschenverkäufe deutscher Kleinfürsten im vorigen Jahrhundert.
Die Rheinbundsfürsten durften auch „Gesandte" absenden. In Wahrheit
waren diese aber nur französische Lakaien, die mit widerlichem Sclaven=
sinn um ein Lächeln französischer Generale buhlten.

Das Haus Oranien-Nassau, ottonischer Linie, das angestammte Fürstenhaus für die Fürstenthümer Diez, Siegen, Hadamar und Dillenburg, dessen Regenten diese letzteren mit Weisheit und Milde in einer in Deutschland einzigen Weise viele Jahrhunderte regiert hatten, verschmähte den „Purpurmantel" um den Preis der Schmach und der Spaltung Deutschlands. Prinz Wilhelm von Oranien, der Nassau-Diezer, der auch seine 1803 erhaltenen „Entschädigungslande" (Dortmund und Fulda) mit Umsicht und Nachsicht verwaltet hatte, nahm den ihm von Napoleon „angebotenen Schutz" nicht an; kämpfte vielmehr bei Auerstädt gegen Napoleon; befahl seinem ältesten Sohne in Spanien 1808 gegen Frankreich zu fechten; begab sich 1809 zu der Armee des Erzherzogs Carl und schlug sich tapfer in der Schlacht bei Wagram. Wegen seiner ächt deutschen Gesinnung verlor das Haus Oranien-Nassau alle seine Besitzungen in Deutschland. Die Fürstenthümer Dillenburg, Siegen und Hadamar wurden mit dem Großherzogthum Berg vereinigt und das Fürstenthum Diez nahmen die Vettern der Oranier, die Fürsten von Nassau, Walramischer Linie in Besitz. Denn diese, Friedrich Wilhelm von Weilburg und Friedrich August von Usingen, der nicht durch die Gnade Gottes, sondern die des größten Feindes der deutschen Nation den „Herzogstitel" erhielt, dachten und handelten nicht wie ihre oranien-nassauischen Vettern. Sie gehörten zu den eifrigsten und ergebensten Vasallen des Corsen; sie ließen ihre „Landeskinder" in Spanien gegen die Freiheit der spanischen Nation fechten. Sie durften daher auch in die Rechtssphäre anderer deutscher Dynastien nach Gutdünken eingreifen. Sie annektirten, abgesehen von dem bereits erwähnten Fürstenthum Diez — der Stadt Diez mit der „goldenen Grafschaft" — die ganze Grafschaft Wied-Neuwied; die auf der linken Seite der Lahn gelegenen Besitzungen des Fürsten von Wied-Runkel; drei den Fürsten von Solms-Braunfels und Solms-Lich gehörige Aemter; die von dem fürstlichen Haus Anhalt-Schaumburg besessene Herrschaft mit der Grafschaft Holzappel; die dem gräflichen Haus Waldbott-Bassenheim zustehenden Herrschaften Cransberg und Reiffenberg und die dem Fürsten v. d. Leyen gehörigen Grundherrlichkeiten Fachbach und Nievern.

Nachdem die Walramischen also kaum die schönen Theile der geistlichen Staaten Churtrier und Churmainz erworben, brachten sie auch die genannten Besitzungen weltlicher Fürsten unter ihre Botmäßigkeit, wiewohl diese Fürsten, die Häuser Anhalt, Solms und Wied seit vielen Jahrhunderten den Zweigen des Hauses

Nassau, Walramischer Linie in keiner Hinsicht nachstanden; zumal dies letztgenannte Haus bis zum Erlöschen des deutschen Reichs auf den deutschen Reichstagen nur auf einer der Grafenbänke stimmte, während dagegen das Haus Nassau Ottonischer Linie seinen Sitz auf der Fürstenbank mit zwei Voten hatte.

Freiherr vom Stein, der, nachdem ihn die Despotie Napoleons geächtet, von 1808—13 in der österreichischen Monarchie als Verbannter lebte, war über das Treiben der Rheinbundsfürsten und die ganze Rheinbundswirthschaft höchst empört.

In einem im Sommer des Jahres 1809 verfaßten an einen österreichischen Staatsmann gerichteten Briefe drückte er sich über die „kleinen Fürsten" folgendermaßen aus:

„Alle kleinen Fürsten haben aus Egoismus und Schwäche „denselben Geist (Miethlingsgeist); ihnen kommt es nur an auf „Erhaltung ihres winzigen Daseins, gleichgültig gegen das Schicksal „des Vaterlandes; sie wird man daher alle entweder vorläufig „entfernen oder an einem sicheren Ort sammeln und (unter) strenge „Aufsicht nehmen müssen."

In einer Denkschrift Stein's über Deutschlands künftige Verfassung vom 18. September 1812 finden wir folgende das Rheinbundsfürstenthum streng verurtheilende Wendung:

„Statt die deutsche Verfassung des Westphälischen Friedens „herzustellen, würde es dem allgemeinen Besten Europa's „und dem besonderen Deutschlands unendlich ange„messener sein, die alte Monarchie wieder aufzurich„ten, ein Reich zu bilden, welches alle sittlichen und „physischen Bestandtheile der Kraft, Freiheit und „Aufklärung enthielte, und dem unruhigen Ehrgeize „Frankreichs widerstehen könnte. Ein solcher Zustand „der Dinge würde dem Volke das Gefühl seiner Würde „und seiner Unabhängigkeit wiedergeben; seine Kräfte „würden nicht in Beschäftigung mit kleinen Territorial-Angelegen„heiten versplittert, sondern sich denen der Nation im Ganzen zu„wenden; außerdem ist das den Wünschen fast der Ge„sammtheit entsprechend, seitdem sie unwürdig von „denen verrathen ist, welche verstehen mußten für „sie zu sterben."

In einer weiteren im November 1812 verfaßten Denkschrift erklärt Stein, nachdem er den General v. Scharnhorst, den Grafen v. Dohna und den Herrn v. Schön als Minister für Preußen empfohlen:

„Was die übrigen deutschen Fürsten betrifft, so haben sie — „was auch ihr Betragen sein mag, sei es, daß sie sich widersetzen „oder sich sogleich unterwerfen, — kein Recht, die Beibe= „haltung oder Wiederherstellung ihrer Oberherr= „lichkeit zu verlangen; sie sind jetzt in feindlichem Stande „und im Augenblick des Eintritts der verbündeten Heere können „deren Fürsten eine solche Anwendung des Eroberungsrechts machen, „wie ihr eigener Vortheil ihnen anzeigen wird."

Diese Gesinnungen Stein's gegen das Rheinbundsfürstenthum konnten durch das Benehmen der Rheinbundsfürsten während des Jahres 1813 bis zur Schlacht von Leipzig nicht abgeschwächt werden. Die sämmt= lichen Mitglieder des Rheinbundes ließen für die „Siege der Franzosen" bei Großgörschen und Bautzen in allen Kirchen ein Tedeum veranstalten. Kein Wunder, daß Stein fest entschlossen war, mit der Rheinbundswirth= schaft in der gründlichsten Weise aufzuräumen. Am 25. Oktober 1813 forderte er den Staatscanzler Hardenberg auf, in dem Großherzogthum Frankfurt „die Einrichtung eines Generalgouvernements vorzubereiten"; desgleichen in dem Herzogthum Nassau, dem Großherzogthum Berg „Gouvernementsverfassungen" einzuführen.

Daß die Pläne Stein's hinsichtlich der Rheinbundsfürsten — einige wenige ausgenommen — scheiterten, ist bekannt. Und bekannt ist auch, daß der große Sieg bei Leipzig über das Franzosenthum und das mit ihm so eng verbündete Kleinfürstenthum — durch die Deutschlands Interessen stets feindselige Haltung des österreichischen Cabinets — ohne die von Stein so sehnlichst herbeigewünschten Erfolge für die Einheit der deutschen Nation geblieben ist. — Oesterreich wollte keinen Volkskrieg, sondern einen Cabinetskrieg; nicht die Herstellung eines starken Reichs deutscher Nation, sondern die Befestigung des die Spaltung und Ohnmacht Deutsch= lands zur Voraussetzung habenden Kleinfürstenthums. Erst die Enkel Stein's sollten das „glückliche Ereigniß" der Vereinigung der „kleinen Staaten" mit einer großen Monarchie „erleben". — —

Stein und die deutsche Bundesverfassung.

„Eine Einrichtung Deutschlands und Italiens, die sie zu großen Massen bilde, ist eine der ersten Bedingungen des Bestands einer solchen („die Ruhe Europa's gegen den französischen Ungestüm gewährleistenden") Ordnung" — hatte Stein unterm 7. November 1812 an den General v. Gneisenau geschrieben. Bei einer so klaren Würdigung der wahren Interessen Deutschlands konnte die im Jahr 1815 endlich zu Stande gekommene deutsche Bundesverfassung, welche lediglich einen Bund der deutschen Dynastien und nicht entfernt einen solchen des deutschen Volks begründete, unmöglich in den Augen Stein's Beifall finden. Die großen Mängel dieser Verfassung, insbesondere die so überaus ungleiche Vertheilung von Macht und Einfluß unter die einzelnen Bundesglieder, erkannte er von vornherein auf's schärfste und mit der Zuversicht eines Propheten sagte er die völlige Schlaffheit, Thatenlosigkeit und Ohnmacht dieser traurigsten Schöpfung des an Mißgriffen so reichen Wiener Congresses voraus.

Fürst Metternich bot ihm wiederholt die Präsidentenstelle bei der deutschen Bundesversammlung, Fürst Hardenberg wiederholt die Stelle eines preußischen Bundestagsgesandten an, — er ging auf diese Anerbietungen nicht ein und erklärte in einem am 7. December 1815 an den Herzog Franz von Anhalt-Dessau, — der in einem Schreiben an Stein vom 9. Oktober seine Befriedigung über die Ernennung des Letzteren zum Bundestagsgesandten ausgedrückt hatte, — gerichteten Briefe: „der deutsche Bund sei eine **unvollkommene politische Anstalt**" und „wegen der fehlerhaften Verfassung selbst" sei die „Möglichkeit zu einem vernünftigen und kräftigen Schluß in irgend einer Angelegenheit zu gelangen" so „**entfernt**" — „daß es gewiß für keinen Vaterlandsfreund erwünscht sein könnte, zu der Bundesversammlung ab=

geordnet zu werden." Nach einem Ablauf von sechs Jahren schrieb Stein unterm 19. April 1822 an Gagern:

„Ich verlasse Frankfurt den 24. m. c. mit Unmuth und Un=
„willen über die **Unthätigkeit und Scheinthätigkeit der**
„**Bundestagsgesandten** und über eine Verkehrtheit, die sich
„wieder äußert, von der uns eine Erfahrung mehrerer hundert
„Jahre hätte heilen sollen. **Diese Verkehrtheit ist das**
„**Streben der mittleren und kleinen Staaten, eine**
„**Selbstständigkeit gegen Oesterreich und Preußen**
„**zu behaupten,** und wo möglich eine Spaltung, Reibung
„zwischen beiden zu veranlassen, die man dann zu seinem Vortheil
„auf irgend eine Art zu benutzen hofft."

Gegen den Schluß des Briefs nannte er das „Bundestagstreiben" — „ekelhaft".

Am 25. August 1830 schrieb er, einige Monate vor seinem im folgenden Jahre erfolgten Tode, an Gagern:

„Leider ist der **Philistergeist progressiv** in die politische
„Maschine eingedrungen so man deutschen Bund nennt; sie steht
„**unbekannt und ungeachtet** mitten in Deutschland, **kraftlos**
„**zur Beseitigung der Reibungen unter ihren Gliedern,** wie die
„Braunschweigische Sache beweist, **ohnberechtigt und abge=**
„**neigt,** die Person und das Eigenthum des Einzelnen zu schützen.
„Bei der Construktion des Bundes war es ein großer Mißgriff,
„der seinen Grund in dem Dünkel der Ministeriunkula der kleinen
„Fürsten fand, **allen Bundesgliedern gleiche Rechte zu**
„**ertheilen, gleiche Verbindlichkeiten aufzulegen.**
„Dadurch erhielten die ersten einen Umfang, die letzteren eine
„Schlaffheit, die in kleinen Territorien die verderblichsten Folgen
„hatten und ganz anders hier als in großen Staaten wirkten. So
„nöthig ich das Eingreifen des Bundes in die inneren Verhältnisse
„der kleinen Staaten finde, so unerläßlich seine Garantie ihrer
„ständischen Körperschaften ist, so unausführbar, störend und über=
„flüssig ist beides in den großen Monarchien."

Stein und die preußische Monarchie.

Das Heil und die „**Zukunft Deutschlands**" erblickte Stein in **Preußen**. Das kernhafte und gediegene Wesen des Preußenvolkes — das schamloser Unverstand noch in diesen Tagen zu den „Slaven", den Sorben und Wenden werfen wollte, da doch, sieht man von den in den Bezirken Marienwerder, Bromberg, Posen und Oppeln sitzenden, im übrigen einer vollständigen und baldigen Germanisirung entgegengehenden Polen ab, kein Stamm Deutschlands entschiedener deutsch sein kann, als es die Bevölkerung des preußischen Staates ist und da doch keiner der deutschen Staaten entfernt so viel für Deutschland gearbeitet und gerungen, gelitten und gestritten, gezahlt und geblutet, als der preußische — war dem großen Freiherrn wohl bekannt; wohl bekannt war ihm auch die staatenbildende Mission der unter dem ruhmvollen Scepter der Hohenzollern vereinigten, zumeist zu den Stämmen der Ober= und Niedersachsen gehörigen Deutschen; wohlbekannt waren ihm endlich die hohen sittlichen, geistigen und materiellen Kräfte, die dem preußischen Volke innewohnen. Weil er schon in seinem Jünglingsalter vollständig klar die großen Aufgaben und den entschiedenen Beruf Preußens in deutschen Dingen begriffen hatte, deßhalb widmete er seine Arbeiten und Dienste dem großen Friedrich und dessen Staat und nicht — wie solches seine eigene Familie wünschte, — den in Oesterreich durch glückliche Heirath zur Herrschaft gelangten Lothringern. Hatte er schon im Beginn der 80er Jahre des vorigen Jahrhunderts Preußen mit Wohlbedacht als seine „Heimath" erwählt, so mußte ihm letzteres, nachdem er den heldenmüthigen einzigen Kampf des preußischen Volks gegen die gewaltige, nicht blos von den Rheinbundsfürsten, sondern von Göthe selbst für unerschütterlich erachtete Macht Napoleons aus nächster Nähe gesehen hatte, nur noch theurer werden,

Nach der Auflösung des alten deutschen Reichs war Preußen für Stein: Jung-Deutschland, Neu-Deutschland. Er war, wie auch Arndt und Jahn, deßhalb ein so entschiedener Preuße, weil er ein guter Deutscher war. —

In diesen tiefgewurzelten Ueberzeugungen ließ sich der große Staatsmann auch dann nicht beirren, wenn die preußische Politik mitunter Wege einschlug, die seinen Beifall nicht im geringsten hatten. Stets hatte er die ganze preußische Geschichte, das Werden und Wachsen des preußischen Staats im Großen und Ganzen vor Augen und deßhalb konnten ihm Momente der Unklarheit und vorübergehende Schwankungen den Glauben an sein politisches Grund-Dogma nicht rauben.

Deßhalb schrieb er auch unterm 5. August 1819 an den Freiherrn von Gagern:

„Mich bewegen viele Gründe, den hiesigen Aufenthalt (in Cappen-
„berg) dem im Herzogthum (Nassau) vorzuziehen, langjährige Dienst-
„verhältnisse, Verbindungen so sich zwischen mir, den Einwohnern und
„dem Lande angeknüpft haben, Interesse so ich an der Monarchie
„seit 40 Jahren nehme, von der das Wohl von Deutsch-
„land abhängt;"

und unterm 9. Juni 1822 an denselben:

„Eure Excellenz finden uns getrennt durch Glauben
„und Preußenthum, das hieße geschieden für Zeit
„und Ewigkeit."

Stein und das Herzogthum Nassau.

Erster Abschnitt.

Freiherr vom Stein war in Nassau geboren, hatte in dieser freundlichen Stadt an der Lahn seine Jugendzeit verlebt, besaß in Herzogthum höchst bedeutenden Grundbesitz, war Mitglied der ersten Kammer der Stände des Herzogthums Nassau — Gründe genug, ihm stets für die politischen Vorgänge in diesem Lande ein reges Interesse einzuflößen. — Die Urtheile, welche er über die politische Entwicklung des Landes Nassau fällte, sind auch für die Jetztlebenden von großem Werthe. Mit dem ihm eigenen genialen Scharfblick durchschaute er sofort die Fehler, die sich die Nassauische Regierung gleich bei der Constituirung und Organisirung des Landes in seiner heutigen Gestalt zu Schulden kommen ließ. Mit der ihm eigenen Gradheit, Ehrlichkeit und Offenheit rügte er dieselben. Die Herzogliche Regierung aber zeigte in einem Zeitraum von 50 Jahren eine solche Beharrlichkeit im Mangelhaften und Verkehrten, eine solche Abneigung gegen alle heilsamen Neuerungen, ein so taubes Ohr gegen die gerechten Forderungen und billigen Wünsche des Nassauischen Volkes — daß zur Stunde, da die preußischen Truppen in Wiesbaden ihren Einzug hielten, die von Stein erhobenen Beschwerden **ungeheilt** noch gerade so bestanden, als zur Zeit, da er sie formulirt und erhoben. Einen stärkeren Beleg für die jammervolle Impotenz alles kleinstaatlichen Lebens, das fast ausschließlich mit Hofklatschereien und Anekdoten über Beamtenversetzungen, Besoldungen und Pensionen ausgefüllt wird, wird man kaum beizubringen vermögen.

Die Anklagen, welche der berühmte Minister gegen die von der nassauischen Regierung eingeschlagene Politik erhob, waren im Wesentlichen folgende:

I. Zunächst tadelte er, daß die erheblichsten Gesetze, namentlich die so überaus wichtigen bezüglich des Finanzwesens und der Verwaltung des Herzogthums rein einseitig vom Ministerium als „höchste Edikte" erlassen, also octroyirt wurden, da doch durch das Edikt vom 1./2. September 1814 die Fürsten von Nassau ihren Willen dahin ausgesprochen hatten, den Ständen Theilnahme an der Gesetzgebung einzuräumen. Stein drang daher auf unverzügliche Einberufung der Stände, auf Einstellung der Octroyirungen und auf Revision und Prüfung des Edikts vom 1./2. September 1814 durch die Stände.

In einer von Stein entworfenen und außer ihm von dem Grafen von Walderdorff am 26. Juni 1816 unterschriebenen Vorstellung an den Herzog von Nassau, heißt es:

„Es sind nunmehr beinahe zwei Jahre, daß Seine herzogliche und „fürstliche Durchlaucht durch das Edikt von 1814 1./2. September „ihren Willen aussprachen, dem **aus vielen fremdartigen** „**Theilen durch die Ereignisse der Jahre 1803 und 1806 zu**„**sammengesetzten Herzogthum Nassau** eine denen Bedürfnissen der „Zeit und des Landes entsprechende Verfassung zu geben."

„Nach dem **so deutlich, feierlich und wiederholt aus**„**gesprochenen Willen der Regenten, denen Ständen, Theilnahme** „**an Gesetzgebung und Aufsicht auf Abgabenverwilligung und Abgaben**„**verwendung und die Geschäftsführung der öffentlichen Beamten einzu**„**räumen**; nachdem bereits im Jahre 1815 die Ablösung und Einverleibung eines ansehnlichen Theils des Länderbestandes erfolgt war, durfte „man erwarten, das Herzogliche Staatsministerium werde die Landstände entweder versammeln zur Berathung über **Ausbildung** „**der Landesverfassung**, von der das Edikt vom 1. Septbr. „1814 nur die allgemeinsten Außenlinien enthält — oder wenigstens jede in das Innere des Landes eingreifende Neuerung **aus**„**setzen**, bis alle der Zusammenberufung entgegenstehende wahre „oder vermeintliche Hindernisse beseitigt worden.

„Diese Erwartung erfüllte das Staatsministerium keineswegs: „es eilte die Edikte vom 9. und 11. December 1815 und vom „5. Juni 1816 zu erlassen. Durch das erstere wurden zwar un„vollkommene aber längst subsistirende Abgaben durch neue noch „fehlerhaftere ersetzt; das andere führte eine neue Gemeinde„verfassung ein."

„Diese und andere Gegenstände, heißt es weiter gegen den „Schluß, wären auf dem Landtag zur Berathung gekommen, wenn „das Ministerium es hätte über sich gewinnen können, **seinen**

„Organisationsdrang zu mäßigen, und ihm eine con=
stitutionelle Form zu geben.

„Unterzeichnete glauben sich berechtigt durch das Edikt d. d.
„1. Septbr. 1814 und b. §§. 13 und 14 der Bundesakte S.
„Herzogl. Durchlaucht ihre Beschwerden vorzulegen und unterthänig
„anzutragen:

„dem Staatsministerium aufzugeben, das Edikt d. d. 5. Juni
„zu suspendiren und statt ferner Gesetze in die Seele der Land=
„stände zu geben, bestimmt einen Termin zur Versammlung
„der Stände festzusetzen, bekannt zu machen und bis dahin aller
„Neuerungen sich zu enthalten."

In einer weiteren im Anfang des Jahres 1817 von Stein ver=
faßten Vorstellung an den Herzog, in der im Eingang entschieden betont
wird, daß die Vorfahren des letzteren den Landständen „zugesichert" hätten,
„ohne ihre Einwilligung an den bestehenden, die Aufrechthaltung der
bürgerlichen und Gewerbe=Freiheit, sowie die Gleichheit der Abgaben be=
zweckenden Gesetzen und Einrichtungen, zur Beschränkung der darin be=
stimmten Rechte, niemals einige Abänderungen zu verfügen, vielmehr
wichtige, das Eigenthum, die persönliche Freiheit und die Verfassung be=
treffende neue Landesgesetze nicht ohne ihren Rath und Zustimmung ein=
zuführen", finden wir folgende Stellen:

„Bereits in dem Jahr 1815 erfolgten die wichtigsten Umtau=
„schungen der verschiedenen Landestheile und gegenwärtig sind die
„Bestandtheile des Herzogthums definitiv festgesetzt, nachdem die
„Einverleibung der niederen Grafschaft Katzenelnbogen vollzogen
„worden."

„Ohne Zuziehung, jedoch mit Erwähnung der Stände und
„unter der ausdrücklichen Voraussetzung ihrer übereinstimmenden
„Ansicht, sind die, in Grundverfassung, Eigenthum und Freiheit tief
„eingreifenden Höchsten Edikte vom 9. und 11. September 1815
„über das System der indirekten Steuern vom 26. und 27., und 20. und
„24. Januar über Trennung des Staatsvermögens von dem lan=
„desherrlichen Privatvermögen, vom 5. Juni 1816 über das Ge=
„meindevermögen und Ortsverwaltung erlassen. Diesen folgten,
„ohne der Stände weiter mehr zu erwähnen, das Höchste
„Edikt vom 18. Juni 1816 über die Militär=Conscription, vom
„19. Oktober 1816 über die Armenpflege und milde Stiftungs=
„vermögen, vom 19. November über die Kommunal=Waldungen

„und endlich die bedeutungsschwere Ministerialverordnung vom
„28. November 1816, wodurch die bis zum Schlusse des Jahres
„1815 rückständig gebliebenen Staatseinnahmen der General-Do-
„mainen-Direktion hingewiesen werden."

„Auch das Organisationsgebäude der Staatsverwaltung scheint
„geschlossen zu sein, nachdem nunmehr Gemeinde-, Armen- und
„Forst-Ordnungen erscheinen; denn es ist nun Alles vom **Staats-
„rathe bis zum Gemeinde-Vorstand und Dienern mit
„Vorschriften versehen.**"

„Unterthänigst Unterzeichnete bitten demnach Euer Durchlaucht
„alleruntertänigst, dem von Ihren hochverehrten Vorfahren feier-
„lich ausgesprochenen fürstlichen Worte getreu, Zeit und Ort zur
„Einberufung der Ständeversammlung gnädigst zu bestimmen, und
„**so dieses Schattenbild in das wirkliche Leben zu
„rufen.**"

Endlich wurden dann, nachdem über die wichtigsten Materien
umfangreiche Gesetze octroyirt worden waren, die nassauischen Landstände, welche bereits in den ersten Monaten des Jahres 1815 zusam-
mentreten sollten, für den 3. März 1818 nach Wiesbaden einberufen.

Stein war nicht der Meinung, daß die Stände diese einseitig aus
höchster Machtvollkommenheit erflossenen Gesetze, welche, sieht man von
dem bürgerlichen und peinlichen Recht ab, das Gebiet der Legislation
geradezu erschöpfen, schweigend als vollendete Thatsachen hinnehmen
sollten. Er hielt ferner daran fest, daß auch die „einseitig" ertheilte
Verfassung einer gewissenhaften Revision Seitens der Landstände un-
terworfen und durch die letzteren „weiter ausgebildet" werden müsse.
In einem kurz vor der Eröffnung der Stände verfaßten Schriftstück drückt
er sich in dieser Hinsicht, unter anderem wie folgt aus:

„Es haben aber die Bewohner des Herzogthums Nassau einen
„rechtlichen Anspruch (jus quaesitum) auf eine Verfassung, die
„Freiheit und Eigenthum gegen Willkühr schützt, sie ist kein will-
„kührliches Geschenk, so ihnen mit ihr ertheilt wird; es erfüllen die
„Landesherrn eine Verbindlichkeit gegen ihre alte und neue Unter-
„thanen, wenn sie eine gesellschaftliche Einrichtung treffen, die die
„bürgerliche Freiheit sichert."

„Ein landesherrliches Edikt allein, es sei noch so feierlich ver-
„faßt und bekannt gemacht, wird denen durch die Ereignisse der Zeit

„zum Mißtrauen geneigt gewordenen Gemüthern keine hinlängliche „Beruhigung geben.

„Es ist also die Pflicht der versammelten Stände nicht nur „den Inhalt der Edikte d. d. September 1814 gewissenhaft zu „prüfen, — eine Pflicht, die das Gesetz selbst ihnen empfiehlt, in= „dem es ihnen Bewahrung und weitere Ausbildung der Landes= „verfassung überträgt, — sondern auch dahin zu wirken, daß die „Verfassung auf einem zwischen Landesherrn und Land abge= „schlossenen unwandelbaren Vertrag gegründet werde; ein solches „erfodert die Würde und Heiligkeit der neuen gesellschaftlichen „Einrichtung, die Sorge für ihre Festigkeit und Dauer, die dringende „Nothwendigkeit, die durch die Zeitereignisse gereiften und zum „Mißtrauen geneigt gewordenen Gemüther zu beruhigen."

II. Die zweite der „Hauptbeschwerden" Stein's bestand in der nach dem Vorbild des französischen Präfectursystems der nassauischen Büreaukratie maßlos zugetheilten Gewalt in allen Dingen; in Justiz und Polizei; in Ackerbau und Industrie; in Handel und Ver= kehr; im Bergbau und im Wegbau; im Forstbetrieb und im Sanitäts= wesen; in Kirche und Schule; im Gemeinde= und Armenwesen. Für eine Selbstthätigkeit des Volks blieb in dieser nassauischen „Organisation" auch nicht das kleinste Plätzchen übrig.

Stein war aber, wie bekannt, ein erbitterter Gegner der Viel= regiererei und der büreaukratischen Omnipotenz. Deshalb brach er am 6. Juli 1816 in einem Schreiben an die Fürstin Amalie von Anhalt= Bernburg=Schaumburg unmuthsvoll in die Worte aus:

„ebenso fehlervoll und unförmlich (wie das Edikt wegen der „Gemeinheitsordnung) ist die Organisation der Aemter und das „Edikt wegen der Conscription — das erstere verbindet auf eine „unnatürliche Art Polizei und Rechtspflege; beide leitet der Richter „von 10,000 Seelen: er soll conscribiren, Wasserbau, Wegebau, „Sanitätsanstalten, Erziehungs=Anstalten, Comunal=Haushalt, Forst=, „Fabriken=, Commercial=, Paß=Polizei u. s. w. aufsehen und leiten, „controlliren und zugleich Justiz verwalten, —— **welcher Unsinn!**"

In einem Briefe an Herrn v. Gagern vom 9. December 1830 führt Stein unter den „Hauptbeschwerden" der Nassauer auf:

pos. 1. „Beamten=Willkühr, Beamten=Insolenz, Verschlossenheit des „Herzogs gegen Beschwerden der Einzelnen, der Gemeinden,

„der schlaffen Landstände. Ich könnte Ihnen nur aus meinem kleinen
„dortigen Gesichtscrayß die auffallendsten Beispiele aufführen."
pos. 5. „Verbindung der Justiz und Polizei — und daraus ent=
„stehende Willkühr der ersteren."

III. Besonders anstößig war dem Schöpfer der preußischen Städte=
Ordnung die in Nassau beliebte „Gemeinde=Einrichtung". In der be=
bereits erwähnten Vorstellung an den Herzog vom 26. Juni 1816 erklärt
Stein dem letzteren unumwunden, „daß die neue Gemeinde=Einrichtung
das Wenige, was von der alten deutschen herkömmlichen Verfassung bis
jetzt noch übrig geblieben, ganz zerstöre"; „daß diese das Beispiel einer
retroaktiven Gesetzgebung gebe"; „daß ferner denen Gemeinden, die
durch Kriegsschulden und ein fehlerhaftes Grundsteuer=System ungleich
belastet, und in dem Grad überlastet sind, daß die §§. 21 und 22 ihren
Banquerout organisirten und legalisirten, noch neue Lasten der Besol=
dungen von Medizinal= und Forst=Beamten und Kirchen auferlege." —

Am 1. März 1818 verfaßte Stein einen Aufsatz, in dem er die
hauptsächlichen Mängel der „Nassauischen Gemeinde=Einrichtung" unge=
mein treffend hervorhob und unter anderem bemerkte:

„Das Herzogthum Nassau erhielt den 5. Juni 1816 eine neue
„Gemeinde=Ordnung, wodurch die bisherige Gemeinde=Verfassung
„von 800 Gemeinden, und die Verwaltung einer Masse von Ge=
„meinde=Eigenthum, so ein Einkommen von 1,436,192 fl. aufbringt,
„durchaus umgeändert wird; das Gesetz verdient also in Rücksicht
„seines Verhältnisses zu der allgemeinen Landesverfassung, seines
„Einflusses auf den Wohlstand der 800 Gemeinden und der Be=
„nutzung eines bedeutenden Vermögens eine ernsthafte Prüfung."

„Ist die Gemeindeverfassung so gebildet, daß sie zu einem
„freien Leben, zu einer lebendigen Theilnahme an den Gemeinde=
„Angelegenheiten den Einzelnen auffordert, so enthält sie die nächste
„Quelle der Vaterlandsliebe; sie knüpft an den väterlichen Heerd;
„an die Erinnerungen der Jugend; an die Eindrücke, so die Ereig=
„nisse und Umgebungen des ganzen Lebens zurückgelassen. Sie
„verbürgt die wahre praktische Freiheit, die täglich und stündlich
„in jedem dinglichen und persönlichen Verhältniß des Menschen
„ihren Einfluß äußert und schützt gegen amtliche Willkühr und
„Aufgeblasenheit. Sie bildet endlich den Einzelnen zu den land=
„ständischen Verhandlungen, indem sie seine Aufmerksamkeit von

„bloß seinen eigenen Nutzen betreffenden Beschäftigungen abzieht „und auf die Gemeinde-Angelegenheiten lenkt.

„Aber solche Wirkungen können sich nur dann äußern, wenn „das Gemeinde-Eigenthum und die Gemeinde-Verfassung gegen „Willkühr gesichert, die Gemeinde selbst aus tüchtigen angesessenen „Mitgliedern sich bildet; die Gemeinde-Angelegenheiten durch selbstge= „wählte Vorsteher, möglichst frei und selbstständig verwaltet und sie ein „Gegenstand der Berathung und Beschlüsse aller Gemeindeglieder sind."

Wenn aber, heißt es dann in diesem Schriftstück weiter, von allem diesen das „Gegentheil" geschehe; wenn man namentlich die Gemeinde-Angelegenheiten „öffentlichen Beamten" übertrage, und man diesen nur ein „Schattenbild von Gemeindevorstand" beiordne, so „entstehe statt des Gemeindegeistes mit seinen wohlthätigen Folgen" — „**Abneigung gegen alle Theilnahme an Gemeinde-Angelegenheiten**"; jeder unterziehe sich ihnen nur mit „**Widerwillen**".

„Es ist nicht zu leugnen", bemerkt Stein gegen den Schluß, „daß durch dieses Gesetz das letzte Glied der Beamtenleiter con= „struirt und Alles zu einem durchgreifenden Dienstmechanism an= „geordnet wird, der dann auch hier im Gemeindewesen so viel „hervorbringt als der Dienstmechanism überhaupt zu leisten ver= „mag, Ordnung — Gehorsam — Actenthätigkeit; auf der Kehr= „seite findet man Mangel von Kenntniß und Berücksichtigung „der örtlichen und individuellen Interessen, und es werden Ge= „meingeist und Liebe zu den Angelegenheiten der Gesammtheit, zu „der man gehört, Bereitwilligkeit ihren Angelegenheiten seine Zeit „und Kräfte zu widmen, auf diese Weise nicht hervorgebracht."

„Die Gemeindeordnung, indem sie das Gemeindevermögen „denen Gemeinden entzieht und ganz dem Gutdünken der Regierung „überträgt, widerspricht dem Geist einer repräsentativen Verfassung; „— in demselben Lande werden dessen allgemeine Angelegenheiten „unter Mitwirkung mit dem Einwilligungs= und Bewilligungsrecht „versehener Landstände verwaltet; die Gemeinde= und Aemter=Ange= „legenheiten, ihr bedeutendes Vermögen ist der **Willkür der** „**Regierung ohne alle Einschränkung überlassen**."

IV. Nassau hat alle Bedingungen zu einer reichen, industriellen und merkantilen Entwicklung. Es ist eins der Verbindungsglieder zwischen Rhein und Elbe und zwischen Nordwestdeutschland mit Holland und Süd=

deutschland; es wird von einem schiffbaren Fluß seiner ganzen Breite nach durchflossen und zwei der wichtigsten deutschen Ströme bilden auf eine lange Strecke seine Grenze; in diese drei Hauptströme des Landes ergießen sich viele kleinere Gewässer, vielfach vortrefflich geeignet, gleich der Wupper zahlreiche Werke in Bewegung zu setzen; die berühmte Handelsstraße von Köln a. Rh. nach Frankfurt a. M. und von da einestheils nach Leipzig, anderntheils nach Nürnberg führte seit alten Zeiten mitten durch das Herzogthum; zu dieser günstigen Lage und diesen Gewässern kommen billige Löhne und vortreffliche Bodenerzeugnisse: Wein, Getreide, Holz und mineralische Schätze aller Art, vorab Eisenerze in reicher Fülle und von ausgezeichneter Güte. — Die nassauische Regierung aber gefiel sich viele Jahre lang in dem für das Land so ungemein verderblichen Wahn — Nassau sei ein rein ackerbautreibender Staat. So geschah in volkswirthschaftlicher Hinsicht das Nothwendige entweder gar nicht oder doch zum größten Nachtheil des nassauischen Volks — viel zu spät. Die Gelegenheit, Biebrich und Niederlahnstein zu wichtigen Hafen- und Handelsplätzen zu erheben, wurde versäumt; industrielle Projekte wurden nicht beifällig, sondern mit Mißtrauen aufgenommen und durch oft unglaublich alberne büreaukratische Forderungen unablässig chikanirt; der Bergbau wurde durch Vielregiererei und Vielschreiberei ungemein belästigt; die Taunuseisenbahn wurde mehr mit Rücksicht auf den Vortheil der Auswärtigen, als den der Inländer gebaut und verwaltet; die Geschichte der anderen Eisenbahnen ist ein fortlaufender Beleg für die Unklarheit und Unfähigkeit des kleinstaatlichen Regierungswesens in allen nationalökonomischen Fragen. Bei einer solchen Volkswirthschaftspolitik gelangte neben der Badeindustrie nur noch die Hurdy-Gurdy-Wirthschaft zur Blüthe.

Daß die materiellen Kräfte eines kleinen Landes nur durch den innigen Anschluß an ein großes Handelsgebiet entfesselt und entwickelt werden können, war den nassauischen Gewalthabern gänzlich unbekannt; daß die Entwicklung des Ackerbaues wesentlich durch die des Handels und der Industrie bedingt sei, völlig fremd. In den letzten Lebensjahren Stein's trat der preußische Zollverein, anfangs nur mit schwachen und kleinen Erfolgen, in's Leben. Stein, dem vielgewandten Geschäftsmann, dem kein Zweig der praktischen Staatskunst fremd war, war die immense Bedeutung der Sache sofort klar. Sehnlichst wünschte er, Nassau möge dem Beispiel Hessen-Darmstadts, das seit dem 14. Februar 1828 mit dem preußischen Staat im Zoll- und Handelsverband sich befand, folgen.

Bereits unterm 12. August 1829 schrieb er an den Herrn v. Gagern:

„Der Handelsvertrag zwischen dem nördlichen und südlichen
„Deutschland ist geschlossen und bekannt gemacht; er beruht auf
„sehr verständigen und freisinnigen Gründen; wie verblendet war
„nicht Herr v. Marschall, sich nicht an Darmstadt anzuschließen;
„statt dessen ist das Land von einer feindlichen Zollkette umschlossen
„und aller Verkehr mit Getraide, Eisen, Wein, Vieh, belastet und
„gestört. Die erbärmlichen Landstände*) schweigen über ihr eigenes
„materielles Interesse — und diese Herrenkammer! — Wo drei
„Familien erscheinen, die ehemals dem Deutschen Reich Churfürsten
„gaben und sich zu Jaherrn herabwürdigen eines kleinen Staats."

In dem bereits oben erwähnten Brief an Gagern vom 9. December
1830 formulirt Stein unter pos. 6. als eine der „Hauptbeschwerden"
der Nassauer:

„Nichtanschließung an den preußischen Zollverband und daraus
„entstandene Belastung und Störung des Verkehrs mit der Haupt=
„gränze, der Preußischen und Darmstädtischen."

In einem Briefe an Gagern vom 29. Januar 1831 bemerkt Stein
in einer Nachschrift:

„Ich vernehme, Nassau werde dem preußischen ꝛc. Zollverband
„beitreten. — Ist das wahr? Gott gebe es!"

Es war zu der Zeit leider nicht wahr, und der große Patriot sollte
auch die Erfüllung dieses Wunsches nicht erleben. Wie bekannt, ist Nassau
von Preußischem und Darmstädtischem Gebiet so zu sagen gänzlich einge=
schlossen; aber gleichwohl führte die Nassauische Regierung volle acht
Jahre einen erbitterten Zollkrieg gegen das vereinigte Handelsgebiet von
Preußen und Hessen=Darmstadt. Erst nachdem Bayern, Sachsen, Würt=
temberg, Kurhessen und die thüringischen Staaten sich dem preußischen
Zoll= und Handelsverein angeschlossen hatten, — folgte endlich — — auch
die für ihr Volk besorgte nassauische Regierung am 10. December 1835.

Auch diese 8 Jahre Zollkrieg, auch diese Jahre des Zauderns und
der Schwäche, hat das Nassauer Land mit großen materiellen Opfern
schwer büßen müssen.

---

*) Die Nassauischen Landstände unserer Tage haben dagegen bekanntlich
den Satz, daß Nassau in allen Zoll= und Handelsfragen unbedingt mit Preußen
gehen müsse, mit großer Energie und ausgezeichneter Sachkenntniß verfochten.

V. Wie Stein über die nassauische Domänenfrage, die seit 50 Jahren den „Hauptzankapfel" zwischen dem Volk Nassaus und dem Haus Weilburg bildet, dachte, ersehen wir aus einer von ihm verfaßten, am 9. August 1816 unterschriebenen, von dem Grafen Walderdorff dem Herzog übergebenen Denkschrift, in der es heißt:

„Eine Finanzmaßregel soll nun aber den Cyclus der Organi„sationsgesetze beschließen, die nach unserer Ueberzeugung im Prinzip „ungerecht, in der Anwendung verderblich ist. Wir würden uns „nicht über eine noch nicht erschienene Finanzoperation äußern, hätten „wir nicht die Gewißheit, daß man Alles zu ihrer Ausführung ein„leitet, und die Erfahrung, daß, sobald dieses geschehen, die Aus„führung selbst plötzlich und unerwartet erfolgt. Hierdurch sehen „wir uns genöthigt, über das zu unserer Kenntniß Gelangte fol„gendes unterthänigst vorzutragen.

„Es begannen die Regenten des Herzogthums das 1808te Jahr „mit Aufhebung der Leibeigenschaft.

„„Da wir, sagten sie, gern auch Alles nach der alten „„Sitte und Güte unseres Hauses zur Erleichterung und „„Wohlfahrt der Unterthanen beitragen, so heben wir die „„Leibeigenschaft auf und gebieten überhaupt, daß das Best„„haupt vom Anfang dieses Jahres nicht mehr gehoben „„werde. Den Standesherrn, Edelleuten, Vasallen und an„„deren, die dadurch in ihren Einkünften geschmälert werden, „„werden wir Ersatz leisten.""

„Es gingen Abgeordnete aus allen Aemtern auf Kosten der „Gemeinde-Cassen nach Weilburg und Biebrich ab zur Abstattung „des Dankes für die abgenommene Last, zur Ueberreichung einer „Denkmünze auf das wohlthätige Ereigniß.

„Im folgenden Jahre wurde durch das Edikt d. d. 10. bis „14. Februar ein neues, das reine Einkommen treffendes, Steuer„system eingeführt und als leitende Grundsätze — folgendes hier „seine Anwendung findende — aufgestellt.

§. 1. „Die Staatsbedürfnisse, soweit sie nicht „durch Einkünfte aus denen Staatsgütern und Rega„lien gedeckt sind, sollen durch Besteuerung des rei„nen Einkommens unserer Unterthanen aufgebracht „werden."

§. 5. „Die direkten Steuern sind bestimmt, den=
„jenigen Staatsausgabenbetrag zu decken, der durch
„die übrigen Staatseinkünfte, namentlich Domainen,
„Regalien und indirekten Auflagen nicht gedeckt ist."

„Der Grundsatz, daß Domainen zuerst und hauptsächlich für
„Befriedigung der Staatsausgaben haften, war also in diesem
„Edikt laut ausgesprochen, feierlich anerkannt. Dieser Grundsatz
„beruht auf der alten deutschen Verfassung und Herkommen, selbst
„auf dem Herkommen aller Europäischen Staaten; ja, der auf seine
„Souveränetäts-Rechte so eifersüchtige König von Württemberg er-
„kennt ihn an in seiner den Ständen gegebenen Resolution d. d.
„13. November 1815. Denn es war durch ganz Deutsch=
„land allgemeine Regel, daß der Landesherr den
„Staatsaufwand aus seinen Kammergütern zu be=
„streiten habe und Schatzungen und Steuern nur in=
„sofern stattfinden, als jene unzureichend waren.

„Daß aber altes deutsches Recht, so auf Gesetzen und Herkom=
„men beruht, noch heilig sei, daß die anno 1806 entstandene Sou-
„veränetät, zwar in Unabhängigkeit von fremder Gewalt, nicht aber
„der Befugniß bestehe, das Rechtsverhältniß zu ihren Unterthanen
„willkührlich zu bestimmen, und durch neue Gesetze deutsche Frei=
„heit und wohlerworbene Rechte vertilgen zu können, — dieß dürfen
„wir um so mehr behaupten, als diesem Lande bereits eine stän=
„dische Verfassung von S. Durchlaucht Vorfahren ertheilt worden
„und der verderbliche Einfluß Napoleon's allein nur
„auf sein Hausgesinde eingeschränkt ist.

„Nach diesen Vorgängen und nach diesen förmlichen deutlichen
„Aeußerungen der anno 1808 und 1809 erlassenen Edikte, war
„man zur festen Ueberzeugung berechtigt, die anno 1808 erlassenen
„Leibeigenschaftsgefälle seien auf immer erlassen; der Grundsatz,
„daß die Bestreitung des Staatsaufwands zuerst denen Do=
„mainen obliege und subsidiarisch denen Unterthanen werde
„von denen Herzoglichen Staatsbeamten treu und gewissenhaft in
„ewige Zeiten beobachtet werden; — es findet sich aber, daß diese
„Erwartungen alle irrig sind; denn der Verfasser des neuen Finanz=
„projekts belehrt uns:

„Daß die Domainencasse von der Landes=Casse getrennt
„worden sei und daß jetzt zufolge dieser Trennung die

„Domainencasse gleichfalls Ansprüche an die Landescasse er-
„lange, wegen Entschädigung für die verlorenen Gefälle, so
„aus der aufgehobenen Leibeigenschaft entstehen·"

„Es ist in der That schwer zu begreifen, wie aus einer blosen
„Cassen-Operation, aus einer Trennung zweier Cassen, den
„Unterthanen neue Verbindlichkeiten zur Zahlung remittirter Abga-
„ben entstehen können; wie die Domainencasse neue Rechte
„erlangen kann, sich Verfassungs- und in den landes-
„herrlichen Edikten laut ausgesprochenen Obliegen-
„heiten zu entziehen.

„Es läßt sich leicht vorhersehen, welchen Eindruck diese Anfor-
„derung an das Land bei dem verarmten Einwohner machen
„werde; er wird ganz einfach fragen: wozu diese vermehrte
„Einnahme der Domänen, so der neue Regent an-
„spricht; — lebten doch vorher zwei fürstliche Häuser
„würdig und anständig und nunmehr, wo nur eins
„übrig geblieben, fordert man eine Steuer für Ab-
„gaben, die 1808 nur ein Theil von uns zahlte und
„die man diesem erließ."

Auch in seinen Briefen an den H. v. Gagern brachte Stein die nassauische Domänenangelegenheit wiederholt zur Sprache.

In dem bereits angezogenen Briefe vom 9. December 1830 formulirt er als weitere „Landesbeschwerden der Nassauer":

sub pos. 2. „daß die Landescassen schuldig seien, nur „subsidiarisch" zu den Landesverwaltungskosten zu concurriren."
sub pos. 3. „Die von der Landescasse geforderte „Entschädigung"
für die aufgehobenen kleinen Gefälle und Localabgaben."

In einem Briefe vom 11. April 1831 bemerkte er, nachdem er im Eingang seine Freude darüber geäußert, daß die nassauischen Stände endlich einmal die beiden „wichtigen Gegenstände" — die Domänen und die Entschädigungssumme für die aufgehobenen gutsherrlichen Abgaben — zur „ernsthaften Verhandlung" brächten:

„In ganz Europa sind die Domainen Staatseigenthum; nach
„der alten deutschen Reichsverfassung mußte der Landesherr aus
„den Domainen die Verwaltungskosten des Landes tragen — der
„Unterthan zahlte nur Reichs- und Kraißsteuern, Contingent, Kam-
„merzieler."

„Vor 1817 war im Nassauischen nur eine Casse; in diesem
„Jahr trennte Herr v. Marschall Landescasse von Domainencasse
„und befreite diese von aller Theilnahme an den Landeslasten —
„übernahm Landesschulden, die gering waren, weil man bei dieser
„Trennung mit Hinterlist zu Werk ging, wie es [durch die] Prü=
„fung des Verfahrens bekannt ist und die größte Masse der
„Kriegsausgaben durch die Gemeinden und Gemeinde=
„schulden aufgebracht wurden."

„Als man aber 1817 die Cassentrennung vornahm, da befreite
„man nicht allein die Domainen von aller Theilnahme an dem
„Beitrag zur Landesverwaltung, sondern man lastete eine Entschä=
„digungsforderung für Abgaben auf die Landescasse, für deren
„Erlaß man des Landes Dank sich hatte zollen lassen."

Einige Wochen vor seinem Tode, am 27. Mai 1831, schreibt er:

„In der Nassauischen Domainensache kömmt es nicht allein
„auf die Verabredungen unter den Agnaten an, nicht auf fidei=
„commissarische Rechte der Familienmitglieder, sondern auf die
„Verpflichtung der Domainen zu dem Land, zu dem Tragen oder
„Beitragen zu den Verwaltungskosten des Landes. Nach unserem
„deutschen Staatsrecht war der Landesherr verpflichtet die Ver=
„waltungskosten des Landes aus den Domainen zu bestreiten, dem
„Land lag nur die Bezahlung der Reichs= und Kammerzieler ob."

„Wollte der Landesherr ein Mehreres, so ward er durch Man=
„date sine clausula in seine Gränzen zurückgewiesen. Auch besteht
„kein Staat in Europa, wo nicht ein bedeutender Theil der
„Staatslasten auf die Domänen fällt — so erfolgt aus den preu=
„ßischen Domainen ein reines Einkommen von 7 Mill. Thlr.; der
„König nimmt für seine Civilliste 3 Millionen und 4 Millionen
„werden zu den allgemeinen Bedürfnissen verwandt."

Was die übrigen Finanzfragen Nassau's — abgesehen von der Do=
mänenangelegenheit — anlangt, so erübrigt noch, anzufügen: daß Stein
in der freimüthigen Vorstellung an den Herzog vom 26. Juni 1816,
welcher auch Graf von Walderdorff durch Mitunterschrift beigetreten
war, — das „Grundsteuersystem" ein „fehlerhaftes" nennt
und daß er dem Herzog rundweg erklärt: daß die eingeführte „Stempel=
Erhöhung" und „Besteuerung der Erbschaften" eine „für die Armuth
drückende unerträgliche Last" sei.

Zweiter Abschnitt.

I. Wir sagten oben, daß die von Stein getadelten Uebel, Mängel und Mißstände, nach fünfzig seit der Zeit des Tadels verflossenen Jahren noch in voller Ueppigkeit sich vorgefunden und wir wollen diesen Satz zunächst hinsichtlich der „Octroyirungen" welche das Hauptgeschäft der nassauischen Regierung während ihrer ganzen Existenz bildeten, nachweisen.

In den 30 Jahren von 1818 bis 1848, erklärte der Abgeordnete Herr von Eck in einer im Jahr 1860 der ersten Kammer überreichten „Rechtfertigung" sind kaum dreißig Gesetze mit landständischer Zustimmung erlassen worden; hiervon betrafen allein 11 die directe und indirecte Besteuerung, sowie die Naturaldienstleistungen bei Unterhaltung der Landstraßen und sechs die Besoldung und Pension der öffentlichen Diener."

Die Verordnungen vom 9. November 1826 und 2. November 1843 über Modificationen der Gesetze über Bestrafung der Weidfrevel; die ungemein wichtigen Bestimmungen über eheliches Güterrecht vom 9. Mai 1821 und 10. Januar 1825, und über das Verfahren in Civilstreitigkeiten bei den Obergerichten vom 23. April 1822, und bei den Aemtern vom 13. December 1825; die so tief in das bürgerliche Leben eingreifende Executionsordnung vom 5. Mai 1841; die so folgenschwere Verordnung über Güterconsolidation vom 12. September 1829 und die weitere vom 12. Juni 1838 über Expropriation — wurden sämmtlich ohne landständische Zustimmung, die doch nach der Verfassungsurkunde vom 1./2. September 1814 bei den ebengenannten „Verordnungen" unbedingt und zweifelsohne geboten war, erlassen.

Rath und Zustimmung der Stände wurden nicht eingeholt: „bei der Bildung von zwei abgesonderten Hofgerichten (Verordnung vom 31. Dec. 1831); bei der Auflösung des Kriegscollegiums (30. December 1820); bei der Aufstellung besonderer Steuercommissäre (23. Aug. 1823); bei der Errichtung der Zolldirection (6. Jan. 1836); bei der Bildung der Lokalzollbehörden (10. Juli 1839); bei Gründung der Hebammen-Lehr- und Entbindungsanstalt zu Hadamar (12. Juni 1828); bei Errichtung der Zehntablösungscommission (29. Januar 1840); bei Gründung der Wittwen- und Waisencasse für die Relicten der Officiere und der Unterofficiere (6. Mai 1828 und 23. Mai 1833); bei Organisation der Lokalbauverwaltung (4. Oktober 1826 und 29. Januar 1840)."

In den Jahren 1848—1851 legten die „Zeitereignisse" dem starken Octroyirungsdrang der nassauischen Regierung heilsame Zügel an; aber seit 1851 ging sie wieder, sich für völlig unbeschränkt erachtend, mit dem Erlaß von einseitigen Verordnungen, welche nicht allein nach der Verfassung vom 28. December 1849, sondern sogar nach dem Verfassungsedikt von 1814 der Genehmigung der Landstände bedurft hätten, rücksichtslos vor.

Den Reigen dieser Octroyirungen eröffneten die verhängnißvollen Verordnungen vom 25. November 1851, in Betreff der Verfassung und der Wahl der Landtagsabgeordneten, durch welche das Gesetz vom 5. April 1848 und das verfassungsmäßig zwischen der Krone und den Vertretern des Landes vereinbarte und am 28. December 1849 verfassungsmäßig verkündete Staatsrecht des Herzogthums Nassau auf dem Wege des „Staatsstreichs" über den Haufen geworfen und tiefeinschneidende Bestimmungen über die Bildung der beiden Kammern der nassauischen Ständeversammlung einseitig erlassen wurden.

Nach diesem flagranten Rechtsbruch, der alle Rechtssicherheit geradezu aufhob, erschienen in hastiger Eile die folgenden, die Rechte des Landes wie der Stände vollständig mißachtenden „Verordnungen", bei deren Aufzählung wir im Wesentlichen einer in der erwähnten „Rechtfertigung" des H. v. Eck befindlichen Uebersicht folgen:

1) vom 20. December 1851 über Bildung der Baubezirke für Hoch- und Straßenbau;
2) am 12. Januar 1852 über Bestrafung der Dienstvergehen der Civilstaatsdiener;
3) am 24. Januar 1852 über Bildung der Oberforstamts- und Oberförstereibezirke;
4) am 12. Mai 1852 das Militärstrafgesetzbuch;
5) am 17. Juni 1852 über Umbildung der Steuercommissariatsbezirke;
6) am 7. November 1852 über Protocollirung der Viehhändel auf den Märkten;
7) am 6. August 1853 die Verordnung, „wonach eine Cession oder Pfändung eines noch nicht durch erfüllte Dienstpflicht verdienten Einstandscapitals ungültig ist";

8) am 4. November 1853 über das Verfahren der bei den Criminal=
gerichten geführten Untersuchungen;
9) am 23. Januar 1854 die Verordnung, wonach den diensteiblichen
Aussagen der Gerichtsvollzieher über während des Dienstes er=
fahrene Ehrenkränkungen voller Glaube beigemessen werden soll;
10) am 23. Januar 1854 über die Gestattung der Vertretung in Civil=
processen bei den Aemtern;
11) am 31. Mai 1854 „über die Pflichten der aufsehenden Vormünder
bei Abschließung der zweiten Ehe eines der Eltern der Curanden";
12) am 6. October 1854 über den Geschäftskreis des für Wiesbaden
bestellten Polizeicommissärs;
13) am 4. Januar 1855 über Einführung des Contumacialverfahrens
bei Polizeivergehen;
14) am 5. März 1855 über Expropriation der für die Herzoglichen
Truppen nöthigen Pferde;
15) am 10. März 1855 über Uebertragung der Steuercommissariats=
geschäfte an die Herzoglichen Aemter;
16) am 24. April 1855 über Wasserlaufabgaben;
17) am 31. Mai 1855 über Verhinderung des Mißbrauchs der Preß=
freiheit;
18) am 22. Juni 1855 über eine Erläuterung des Expropriations=
gesetzes;
19) am 19. Juni 1855 über das Vereinswesen;
20) am 20. September 1855 das Jagdgesetz;
21) am 18. Februar 1857 die Bergordnung;
22) am 5. September 1857 die Brandassecuranzordnung;
23) dm 12. August 1857 über Errichtung einer 4. Bergmeisterei;
24) am 19. Mai 1858 über Bildung der Baubezirke für Hoch= und
Straßenbau;
25) am 12. Juni 1858 über die Erhöhung des Einkommens der
Elementarlehrer;
26) am 27. April 1859 über die Vollstreckung der Erkenntnisse aus=
wärtiger Gerichte;
27) am 28. September 1859 über Executiv=, Arrest= Concursproceß.

Auch das 1861 mit dem Bischof von Limburg abgeschlossene Quasi=
Concordat entbehrte ebenso wie die „das landesherrliche Aufsichtsrecht
über die katholische Kirche" betreffenden Verordnungen von 1830 und
1853 und die Verfügung vom 25. August 1851, die Trennung des

Schullehrerseminars in zwei Seminarien betreffend, der „ständischen Mitwirkung", welche zwar bei der letztgenannten und bei einigen anderen Verordnungen, wie denjenigen sub pos. 3, 12, 20 und 23 „nachträglich" eingeholt wurde, bei den meisten und wichtigsten jedoch nicht.

Vielmehr erklärte noch am 12. April 1866 der Herzogl. Commissär in der zweiten Kammer, die Regierung würde glauben, (wenn sie sich an der Wiederherstellung der dem Herzogthum durch einen Staatsstreich entzogenen Verfassung betheiligen würde) „einen wahren Frevel an der Sicherheit des Rechtszustandes im Lande zu begehen."

Also wer die Abstellung eines „Frevels" wolle, der gerade begehe in Wahrheit den „Frevel" — das war der Standpunkt der nassauischen Regierung.

Die legislativen Schöpfungen der nassauischen Regierung waren übrigens nicht blos Belege für die Nichtachtung des Verfassungsrechts des Landes Seitens der letzteren, sondern auch traurige Zeugnisse ihrer Unfähigkeit in allen gesetzgeberischen Fragen. —

So ist namentlich die durch das Novemberedict von 1851 geschaffene erste Kammer ein merkwürdiges Muster, wie man ein derartiges Institut nicht herstellen soll. „Was hat denn, fragte der Abg. Dr. Braun in der Sitzung der zweiten Kammer vom 12. April 1866, dieses Novemberedikt von 1851 für sich?" — „Nichts, fuhr er fort, Nichts, Nichts und abermals Nichts! Ist etwa Jemand unter uns, der es mit seinem Gewissen vereinigen könnte, sich zum Lobredner der Novemberedicte aufzuwerfen? Ist etwa Jemand unter uns, der behaupten könnte, daß irgendwo eine geschriebene Verfassung besteht, die so lückenhaft, so incorrect und so inconsequent ist, wie die Novemberedicte?"

Diese bemitleidenswerthe Befähigung der nassauischen Regierung in der Gesetzgebungskunst, hatte dann die weitere Folge, daß von ihr gemachte gesetzgeberische „Versuche" häufig sehr bald wieder zurückgezogen werden mußten. Durch diesen häufigen „Wechsel" der gesetzlichen Bestimmungen über wichtige Materien mußte das Rechtsleben des nassauischen Volks schwer geschädigt werden. Alles wurde ungewiß, schwankend, schwebend. Während nun die nassauische Gesetzgebungskunst in etlichen Fragen einen höchst verderblichen, nimmer ruhenden „Eifer" bethätigte, zeigte sie sich auf anderen und zwar sehr bedeutungsvollen Gebieten vollständig lahm, kraftlos, unfruchtbar. Das Princip des „Gehen-lassens" schien ihr hier das Gerathenste.

Langschwebende, das bürgerliche Leben tief berührende Controversen des gemeinen bürgerlichen Rechts, bei denen die „Ansichten" der Obergerichte nicht allein maßgebend sein durften, und die bringend der abhelfenden Hand des Gesetzgebers beburften, blieben ungelöst. Hinsichtlich der Strafprozeßgesetzgebung bestanden und bestehen zweierlei Arten von Strafverfahren, „welche in einem unauflöslichen Widerspruch miteinander stehen" — der alte Inquisitionsproceß mit einer langen und schriftlichen und der Anklageproceß mit einer kurzen Voruntersuchung. —

„Wir haben, sagte der Abg. Dr. Braun in einem am 18. „Juny 1860 erstatteten Kammer-Ausschußbericht, in den letzt ab„gelaufenen 11 Jahren Gelegenheit gehabt, die Wirkungen zu be„trachten, welche es hervorbringen muß, wenn für eine und die„selbe richterliche Funktion zwei einander widersprechende Doktrinen „in der Praxis eingeführt sind, und durch die nämlichen Richter „abwechselnd nebeneinander gehandhabt werden müssen, während „dieselben logisch einander ausschließen und wegen der Unverträg„lichkeit des einen Prinzips mit dem andern in einem dialektischen „Proceß einander gegenseitig aufreiben müssen. Dermalen hat ein „und derselbe Untersuchungsbeamte, ein und derselbe aburtheilende „Richter bald in den Formen des geheimen schriftlichen Inquisitions„processes, bald in denjenigen des öffentlich-mündlichen Anklage„verfahrens zu denken und zu handeln, bald nach den detailirten „Vorschriften einer gesetzlichen Beweistheorie bald nach einer auf „rationellem Wege freigeschöpften inneren Ueberzeugung zu urtheilen. „Da aber die menschliche Logik eine **einheitliche** und **untheil**„**bare** ist, so ergibt sich hieraus, daß dieser zwiespaltige Zustand „auf die Dauer nicht haltbar ist, und die Erfahrungen der Praxis „bestätigen, daß er zu einer Vermischung und Vermengung beider „Arten des Verfahrens zu führen droht, welche ein drittes, „**weder von dem Gesetze noch dem Richter beabsichtig**„**tes Mittelding erzeugt, das die Vorzüge beider Pro**„**ceduren entbehrt und die Mängel beider vereinigt.**"

Selbst der nicht in den Reihen der Opposition befindliche Herr Criminalrichter Emmerich bemerkte am 19. August 1864 in der ersten Kammer hinsichtlich des Strafrechts und des Strafverfahrens:

„Unsere Gesetzgebung ist in gar vielen Puncten mangelhaft „und der Vervollkommnung und Verbesserung bedarf vor allen „Dingen das **Strafrecht**, weil unser dermaliges Strafgesetzbuch „nicht mehr auf der Höhe der Wissenschaft steht und weit überholt

„ist durch das sächsische und namentlich durch das baierische Straf-
„gesetzbuch."

„Unser Strafverfahren befindet sich wirklich in
„der allererbärmlichsten Situation; die Gesetze über
„unser Strafverfahren sind nichts wie armes Stück-
„und Flickwerk und es muß darin bald etwas ge-
„schehen."

Für das Gefängnißwesen geschah in einem langen Zeitraum im Wege der Gesetzgebung gar Nichts. Das nassauische Gefängnißwesen liegt aber seit Jahren so sehr im Argen, daß am 26. April 1866 Herr Wilhelmi, evangelischer Landesbischof und Mitglied der ersten Kammer, es für seine Pflicht hielt, in der Ständeversammlung eines Jahresberichts der Rheinisch-Westphälischen Gefängniß-Gesellschaft — „worin von einem Manne, der genaue Einsicht von unserem Zuchthaus genommen habe, gesagt sei, die ganze Einrichtung sei eine wahre Versündigung an den Gefangenen und es fiele eine schwere Verantwortung auf die, die nicht auf eine Abänderung in dieser Sache hinwirkten" — Erwähnung zu thun.

Ein den heutigen Bedürfnissen entsprechendes Viehhandelsgesetz wurde vergebens herbeigesehnt. Die Wünsche der Gutsbesitzer und Industriellen bezüglich einer so dringend gebotenen Wassergesetzgebung blieben unbeachtet und unerfüllt. Konnte doch die nassauische Regierung nicht einmal die Beseitigung der für das Volk und namentlich das arme Volk so überaus lästigen, in den meisten Staaten längst beseitigten Mühlenbannrechte „im Wege der Gesetzgebung" erzielen. —

Die Gesetzgebung der nassauischen Regierung war also zugleich impotent und rechtlos. Rechtlos weil sie für ihre Schöpfungen nur da die Einwilligung der Stände einholte, wo es ihr gerade beliebte.

Am 6. Juli 1816 schrieb Minister vom Stein an die Fürstin von Anhalt-Schaumburg:

„Die jetzigen Machthaber im Herzogthum haben ihre Regie-
„rungsmaximen aus dem Moniteur geschöpft, ihnen ist Verfassung,
„Herkommen, urkundliche Rechte, Geschichte, leerer Tand und
„Seifenblase;"

und in demselben Jahre schrieb er an den Grafen von Walderdorff:

„Wenn die Stände sich nicht in die Verwaltung des Landes
„durch Berathung und Einwilligung mischen sollen, so wünschte ich
„wohl zu wissen, woran sie Theil zu nehmen haben, — doch

„wohl nicht an den Angelegenheiten der Hofküche, des Hofpferde-
„und Hofhundestalls;"
und an denselben schrieb er im Anfang des Jahres 1817:
„Ich besorge seine (des nassauischen Landtags) Nullität." —
So Stein 1816 und 1817.

Am 23. April 1864 rief der Abg. Ludwig Born den in der Sitzung der 2. Kammer anwesenden Regierungsdirektoren zu:

„— und bemerke nur noch, daß es wiederum ein neuer Beweis
„ist, daß die Regierung auf die Kammerbeschlüsse nichts
„giebt; sie denkt eben den Kammern gegenüber, „„beschließt was
„„ihr wollt; wir thun doch, was wir wollen; wir bekümmern uns
„„nicht um die Kammerbeschlüsse.""

Und in der Sitzung der Nassauischen 2. Kammer vom 8. Juni 1864 erklärte der Regierungscommission der Abgeordnete Dr. Lang:

„Die Regierung hat sich in dieser Sache, wie ich schon be-
„merkte, einfach auf den gewöhnlichen Standpunkt gestellt:
„„Das hat keine Eile mit den Landtagsbeschlüssen, das ist so
„„schlimm nicht; der Landtag kann viel beschließen; ich werde aber
„„thun, was ich will, und werde meine Entschließungen fassen,
„„wie es mir paßt.""

II. Die zweite Hauptbeschwerde, die Stein gegen die nassauische Regierung erhob, war: daß eine mächtige Büreaukratie ausschließlich in nassauischen Dingen maßgebend sei, und insonderheit, daß die Justiz mit der Verwaltung verbunden sei. Nun — diese „unnatürliche" Verbindung besteht noch bis zur Stunde in Nassau und auch heute noch vereinigt der nassauische „Amtmann" in seiner Hand sehr viele, und in vielfachen Hinsichten sich geradezu widersprechende Berufspflichten.

Man suchte also in einem Zeitraum von 50 Jahren „den Unsinn", wie es Stein in seiner energischen Weise schon 1816 nannte nicht zu beseitigen. Am 4. April 1849 wurde zwar ein mit den Landständen vereinbartes Gesetz „über Trennung der Rechtspflege von der Verwaltung in der unteren Instanz" verkündet; aber schon im Jahre 1854 kehrte die nassauische Regierung unter nichtigen Vorwänden zu dem alten Unfug, der „unnatürlichen" Verbindung der Justiz und Verwaltung in der untern Instanz zurück, — gleichsam als sei sie so tief in den

Sumpf der Sünden gegen den ihr anvertrauten Staat versunken, daß jede Umkehr zum Guten und Richtigen platterdings unmöglich).

Im Jahr 1860 brachte der Abg. Dr. Lang einen Antrag auf Trennung der Justiz von der Verwaltung auch in der unteren Instanz in der ersten Kammer ein. Diesem Antrag trat selbst diese Kammer **einstimmig** bei, und am 12. Juni 1860, dem Tage der Verhandlung und Abstimmung über den genannten Antrag, erklärte Herr Oberappellationsgerichtsrath von Preuschen als Vertreter der Gräfin **Therese von Kielmannsegge, der Tochter des Freiherrn Carl vom Stein**:

„Jeder Justizamtmann muß unbedingt wünschen, daß die „Trennung der Justiz von der Verwaltung wieder vorgenommen „werde, indem nicht zu verkennen ist, daß bei der Vereinigung die „Justizpflege leidet."

Alles umsonst — in der genannten Sitzung der ersten Kammer machte der Regierungs-Commissär die Eröffnung:

„Die Regierung könne dem Antrage (des Abg. Dr. Lang) „nicht zustimmen, da sich aus der im Jahr 1854 geschehenen Wie= „dervereinigung der Justiz mit der Verwaltung bis jetzt **beson= „dere Unzuträglichkeiten nicht ergeben hätten;**"

und in einem im Laufe dieses Frühjahrs von dem Abg. Mohr der 2ten Kammer erstatteten Bericht, mußte derselbe als eine immer noch nicht beseitigte Landesbeschwerde anführen:

„daß die Justiz von der Verwaltung nicht getrennt und dadurch „für den Staatsbürger keine Sicherheit gegeben sei, daß nicht von „der Verwaltung in die Justiz eingegriffen werde."

In den unlängst verflossenen Jahren, ausgefüllt mit ganz unerhörten Verwaltungs- und Regierungsmaßregeln, die nicht bloß in Nassau, sondern in ganz Deutschland Unwillen und Entrüstung hervorriefen, traten die „Unzuträglichkeiten" der so überaus „unnatürlichen" Verbindung noch einmal vor Thorschluß recht **grell und scharf** zu Tage.

Wie wäre es in dieser Zeit der dem nassauischen Volke durch seine eigene Regierung bereiteten harten „Drangsale", möglich gewesen, in der Weise, wie geschehen, die politische Meinung der Privaten und der Staats- und Gemeindebeamten zum Gegenstand der Verdächtigung und Verfolgung zu machen; die Versammlungen nicht bloß zu überwachen, sondern sozusagen über die Grenzen des Landes zu jagen; jedes freie Wort und jede unabhängige Schrift sofort und in der gewaltsamsten Weise nieder=

zuschmettern; und — in alle Kreise des Landes Unsicherheit und Unbehagen zu tragen — wenn, Dank dieser "unnatürlichen Verbindung" — die Richtergewalt nicht den Zwecken der Verwaltungsbeamten vollständig dienstbar gewesen; wenn der Bürger des Landes nicht gezwungen gewesen wäre, sein durch Polizeimaßregeln schwer bedrohtes Recht bei derselben Person zu suchen, welche diese Maßregeln in's Leben gerufen!

Immer und überall ist die Frucht einer so unnatürlichen Verbindung: die "Willkühr". Bei den traurigen "Beglückungen", die dem Lande durch die Beamtenhierarchie zu Theil wurden, vergaß die letztere nie — auch für sich selbst zu sorgen. — Es liegt in der Natur des "Kleinstaates", daß in ihm das Beamtenthum dahin strebt, in allen Dingen, namentlich auch in rein gesellschaftlichen Beziehungen, die "erste Rolle" zu behaupten. Mehr und mehr wird der "Staatsbürger", zu dessen Wohl doch der ganze Beamtenapparat eingerichtet ist, durch den "Staatsdiener" in den Hintergrund gedrängt.

Mehr und mehr drehen sich die Gesetze und alle öffentliche Discussionen um das Wohlergehen dieser "Staatsdiener", um den "Rang", die "Titel" und "Würden" und die Besoldungen, Pensionen, Gratificationen und Remunerationen der letztern; — und selbst in von Haus aus hochherzigen und edlen Gemüthern schlägt mitunter die Ueberzeugung Wurzel: — der Staatsdienst sei nicht sowohl ein Arbeiten und Ringen für das Wohl und Glück der Bürger, als vielmehr eine bequeme und sichere Versorgungsanstalt für eine bevorzugte Kaste — eine Kaste, die schließlich in bestimmten Familien sich nachweislich fortpflanzt und auf die "Stellen im Staat" nicht Kraft des Talents, sondern schon Kraft der Geburt begründete Ansprüche zu haben vermeint. Da immer mehr Personen auf diese Weise sicher "versorgt" sein wollen, so prägt man erstens auch solchen Berufsthätigkeiten, die doch ihrer ganzen Natur nach rein privativer Art sind, den Charakter des öffentlichen Dienstes auf und sucht zweitens die Zahl der "nährenden" Aemter immer fort zu vermehren. So besteht, was die erstgenannte Richtung betrifft, in Nassau die so verwerfliche Einrichtung, die sonst in aller Welt von dem Notariat besorgten Geschäfte, von eigenen "Staatsdienern" den sog. "Landoberschultheißen" ausführen zu lassen — und wahrlich nicht zum Vortheil des Landes. "Der frühere Zustand der Landoberschultheißereien, bemerkte der Abg. Dr. Braun in der Sitzung der Nassauischen Ständeversammlung vom 28. April 1866, war zwar auch schlecht, das gebe ich bereitwillig zu, allein der gegenwärtige ist noch schlechter."

So sind weiterhin in Nassau die Aerzte — „Staatsdiener" und für ihre „Staatsdienerschaft" muß das kleine Land ein Medicinalbudget von 130,000 fl. aufbringen — ebenfalls, wie die so „seltsam" gebildete erste Kammer, eine rein nassauische „Curiosität". Wenn man die die Arzneikunst ausübenden Männer zu aus öffentlichen Cassen besoldeten, und hinsichtlich der Ausübung ihrer Kunst von einer „Anstellung" abhängigen „Staatsdienern" stempelt, so betritt man die schlüpfrige Bahn des Communisten-Staats, der bekanntlich alle Volksthätigkeiten, die der Handwerker, wie die der Lehrer, die der Krieger, wie die der Künstler centralistisch „leiten" und „ablohnen" will. —

Daß die Beamten sich fortwährend „mehrten" im Nassauer Land, und zwar gar nicht im Verhältniß zu dem „verhältnißmäßig langsamen Anwachsen der Population", war von je eine allgemeine Klage. In der Sitzung der nassauischen Ständeversammlung vom 28. April 1866 bemerkte der Abg. Schenck:

„Dem Herrn Regierungscommissär, der die Vermehrung des „Beamtenpersonals zu begründen versucht hat durch die Vermehrung „der Population in Nassau, wollte ich nur entgegnen, daß im „Jahr 1860 die Einwohnerzahl des Herzogthums betragen hat „449,050 Seelen; im Jahr 1865 ist dieselbe auf 468,311 Seelen „gestiegen; dagegen ist das Beamtenpersonal an den Centralbe„hörden, eingerechnet auch das Unterpersonal für Secretariat, „Registratur, Revision und Canzlei von 210 auf 225 gestiegen. „Danach ist die Einwohnerzahl des Herogthums seit der Zeit um „mehr als 4% gestiegen, dagegen die Zahl der Beamten um mehr „als 7% und das ist jedenfalls doch ein sehr schlechtes „Verhältniß." —

Und der Abgeordnete Dr. Braun erklärte:

„Was die einzelnen technischen Branchen anlangt, Bergver„waltung, Bauverwaltung, Forstverwaltung, Medi„cinalverwaltung, freiwillige Gerichtsbarkeit, so „möchte ich wissen, ob man irgend ein anderes Land anführen „kann, worin ein solcher Luxus mit dem Beamtenpersonal in „diesen Fächern getrieben wird? — Ich weiß keins." —

In derselben Sitzung, nachdem auf der „Regierungsbank" das Ersuchen gestellt worden, näher „anzugeben", wie eine „Verminderung der Arbeiter" stattfinden könne — bemerkte Herr Rau, Abgeordneter und Geistlicher Rath zu Limburg:

„Daß die Reduction (der Zahl der Beamten) aber möglich
„wäre, daß zeigte sich in Preußen. In Preußen wurden zum
„Theile die Beamtenbesoldungen schon vor 1859 erhöht, aber
„gleichzeitig wurde um ein Beträchtliches bie Anzahl der Beamten
„reducirt. Auf der Regierungsbank werden verneinende Bewe=
„gungen dazu gemacht. Ich will einfach verweisen auf die Ver=
„handlungen von 1859. Damals ist die Zahl angegeben worden;
„es sind verschiedene Beamten=Classen um ungefähr 3400 Personen
„in Preußen vermindert worden. Ich habe dies bei den Ver=
„handlungen von 1859 genau angegeben, ohne irgend einen Wider=
„spruch zu erfahren." — —

III. Die dritte Beschwerde Stein's betraf das nassauische Gemeinde=
gesetz. Auch in dieser Hinsicht giebt es in Nassau noch mancherlei,
namentlich in den letzten Jahren lebhaft geäußerte, aber bis zur Stunde
nicht erfüllte — Wünsche.

Das Jahr 1848 brachte dem Lande ein neues, im Wesentlichen
freisinniges Gemeindegesetz. Aber der wahrhaft krankhafte Drang der
nassauischen Regierung, kaum geschaffene Gesetze, durch Neuerungen im
schlimmen Sinn, wieder in Frage zu stellen, ließ auch hier kein ruhiges
und allmäliges Uebertreten der geschriebenen Normen in das Bewußt=
sein der Bevölkerung zu. Büreaukraten, als Vormünder der „Mündigen"
des Volks in Aktenstaub ergraut, konnten sich mit der neuen Einrichtung
nicht befreunden. Die Regierung drang auf eine Revision des Gemeinde=
gesetzes vom 12. December 1848 in rückschrittlichem Sinn — — es
kam das Gemeindegesetz vom 24. Juli 1854 zu Stande, das keine Ver=
besserung, sondern eine Verschlechterung des erstgenannten war.

Das Gesetz von 1854 sollte namentlich den Einfluß der Büreau=
kratie in Gemeindesachen wieder entschieden stärken.

Die „Lebenslänglichkeit des Bürgermeisteramts", das in den §§.
6 und 13 der Landesregierung zugesprochene Recht der Bestätigung und
Entlassung von Gemeindebeamten und das dem Beamten in §. 10 ein=
eingeräumte Ernennungsrecht des Bürgermeisterstellvertreters hielt man
deßhalb vorab für geboten. Daß die Gemeinde resp. deren Vertretung
hinsichtlich der Verwaltung und Benutzung des Waldes, nicht mitreden
solle, gab zu vielen Klagen, Unzuträglichkeiten und Weiterungen Anlaß.

Allgemein anstößig war noch der §. 69, der die Staatsdiener ꝛc. von der Verpflichtung — wirkliche Gemeindebürger zu sein — befreite, wodurch es geschah, daß dieselben an allen Vortheilen der Gemeindeanstalten participirten ohne an den sämmtlichen Lasten der Gemeinden Theil zu nehmen.

Gab es irgendwie Gegenstände, bezüglich welcher alle Landesbürger ohne Ausnahme einig waren, so waren es die beiden: daß an die Stelle der im Gemeindegesetz von 1854 vorgeschriebenen Lebenslänglichkeit des Bürgermeisteramts eine periodische Wahl treten solle, und daß die in §. 69 dieses Gesetzes erwähnten Personen in Rechten und Pflichten ꝛc. den übrigen Gemeindebürgern „gleichgestellt" werden möchten.

Wiederholt kam der Landtag auf diese Desiderien zurück. Alles umsonst. Die Regierung beharte bei ihrem mit Schroffheit und Starrheit festgehaltenen System: den Wünschen des Volks, selbst den bescheidensten und billigsten, keinerlei Rechnung zu tragen. Deßhalb sah sich denn der Abg. L. Born — der in einem am 31. Juni 1864 erstatteten Kammerbericht, unter anderem auch darauf hingewiesen hatte, daß die drei dermalen in Preußen bestehenden Städteordnungen diese Bestimmung enthielten:

„„„Alle Einwohner eines Stadtbezirks mit Ausnahme der service
„„„berechtigten aktiven Militärpersonen des aktiven Dienststandes
„„„gehören zur Stadtgemeinde. Als Einwohner werden diejenigen
„„„betrachtet, welche in dem Stadtbezirk nach den Bestimmungen
„„„der Gesetze ihren Wohnsitz haben. Alle Einwohner des Stadt
„„„bezirks sind zur Mitbenutzung der öffentlichen Gemeindeanstalten
„„„berechtigt, und zur Theilnahme an den städtischen Ge
„„„meindelasten nach den Vorschriften der Städte-Ordnung ver
„„„pflichtet"" —

genöthigt im Frühling des laufenden Jahres in einer „Rechtfertigung" eines auf Wiederherstellung der „rechtmäßigen Verfassung vom 28. December 1849" gerichteten Antrags zu constatiren:

„daß von beiden Kammern schon seit mehreren Jahren dem drin
„genden Bedürfnisse einer Revision des Gemeindegesetzes
„Ausdruck gegeben worden;" — „daß die ganze Bevölkerung
„den Beschlüssen der Kammern in Petitionen, in der Presse und
„in Volksversammlungen Nachdruck gegeben habe," — daß aber

„trotz alledem die Regierung nicht die geringste Lust zeige,
„einem so allseitig ausgesprochenen Verlangen nachzukommen.

IV. „Wie verblendet war nicht Herr von Marschall"
schrieb Stein am 12. August 1829 — sich nicht an den Zollverein Preußens
und Darmstadts anzuschließen!

Was würde er wohl gesagt haben, wenn er die Machinationen der
nassauischen „Gewalthaber" gegen den preußischen Zoll= und Handels=
Verein vom Jahr 1852 und aus der jüngst verflossenen Zeit erlebt
hätte: Machinationen, welche das einzige heilsame Institut, welches die
Deutsche „Einigkeit" seit der Gründung des Bundestags hervorgebracht
hatte, und welches überaus segensreich auf alle volkswirthschaftlichen Ge-
biete in ganz Deutschland eingewirkt hatte, wieder in Frage stellte; Machinationen, welche die blanke Thorheit und Aufgeblasenheit an die Stelle
der Vernunft und Bescheidenheit setzten; Machinationen, welche, wenn sie
„Erfolg" gehabt hätten, nicht eine Gefährdung des Wohlstands des Herzogthums, — nein eine völlige Vernichtung der Wirthschaft des
Landes und ein wahres „Verderben" des letztern hätten herbei-
führen müssen; Machinationen endlich, die, wenn sie für die Leiter der
letzteren auch keinerlei „Resultat", sondern lediglich das Caudinische Joch
des Fügens und Bückens zu Wege brachten — gleichwohl in vielfachen
Hinsichten dem Land Nassau die schwersten Schäden zufügten.
In der Sitzung der 2. Kammer vom 15. Juli 1864 brachte der Abg.
Knapp die durch die sog. Darmstädter Coalition dem Lande erwachsenen
Nachtheile zur Sprache und bemerkte:

„Ich erinnere nur einfach an die Nachtheile für uns durch die
„Hemmnisse Preußens in Bezug auf die Fortsetzung und Erbauung
„unserer Eisenbahn. Es ist dadurch für uns ein unbe=
„rechenbarer Schaden entstanden. Wir würden die Eisen-
„bahn, die wir jetzt anstreben zu erbauen, von Hattersheim oder
„von Wiesbaden aus bis Deutz, schon längst besitzen, wenn
„wir uns damals nicht gegen Preußen so widerspen=
„stig gezeigt hätten."

In einer gelegentlich der Adreßdebatte der zweiten Kammer vom
Jahr 1865 gehaltenen vortrefflichen Rede des Abg. Dr. Braun über die
wirthschaftlichen Verhältnisse des Herzogthums Nassau erklärte der Letztere:

„Es ist nun weiter die Rede von der Erneuerung der Zoll=
„vereinsverträge, und ich muß beifügen, von dem deutsch=französi=
„schen Handelsvertrag. Nun, was an der H. Regierung lag,
„diesen nicht zu Stande kommen zu lassen, das hat
„sie redlich gethan. Dieses Anerkenntniß bin ich ihr schuldig
„— ob das aber zum Wohle des Landes gereicht hat, ist eine
„andere Frage. Wenn die H. Regierung sich beeilt hätte, früher
„ihre Zustimmung zu ertheilen, so würden wir viele Nachtheile,
„die jetzt mit dieser Erneuerung der Verträge verbunden sind,
„überwunden und Vortheile erreicht haben. Preußen
„würde dann ohne Zweifel die Fortsetzung unserer
„Eisenbahnen gewährt haben."
Und an einer anderen Stelle:

„Später baute man die Rheinbahn, legte aber die feindselige
„Haltung gegen Preußen nicht ab und nun versagte man
„von Berlin aus die rechtsrheinische Fortsetzung der Bahn und so
„müssen wir schwere Zuschüsse aus Steuern leisten
„blos in Folge der **großen Fehler**, die die Herzogliche
„Regierung in Bezug auf das Eisenbahnwesen ge=
„macht hat."

Das war die volle Wahrheit; aber den Mahnungen der letztern schenkte die nassauische Regierung kein Gehör; sie lauschte vielmehr wohl mit Entzücken der höchst merkwürdigen, in der ersten Kammer im Jahre 1864 gehaltenen Rede des Stellvertreters der Frau Gräfin Seraphine von Neu=Leiningen=Westerburg in der auf das „wissenschaftliche und praktische Resultat" des bekannten fanatischen Preußenhassers Moritz Mohl

„daß (nämlich) die Annahme des preußisch=französischen Handels=
„vertrags die Schande und der Ruin Deutschlands sein würde"
hingewiesen und schließlich behauptet wurde:

„Andere mögen den preußisch=französischen Handelsvertrag einen
„Prachtbau nennen, ich nenne ihn eine **Schandsäule**, eine Schand=
„säule aufgebaut auf deutschem Boden von Irregeleiteten und von
„inneren und äußeren Feinden Deutschlands, offenbar von den
„letzten in der Absicht um Gesammtdeutschland zu zertrümmern.
„Aber ich verzage nicht! Ich glaube, auch diese Schandsäule wird
„gebrochen werden, sie wird gebrochen werden, wenn auch abermals
„nach großen Kämpfen und schweren Leiden, wie das eiserne Joch

„des kriegsgewaltigen corsischen Drängers vor beinahe 51 Jahren
„durch deutschen Muth und deutsche Tapferkeit auf den blutgefüllten
„Gefilden Leipzigs zerbrochen und abgeschüttelt worden ist. Und,
„meine Herrn, kaum werden unsere Gebeine bleichen, so wird ge=
„wiß auch dem deutschen Volke ein Tacitus erstehen, der in lapi=
„darem Annalen=Style die Geschichte unserer Tage schreiben wird
„und ich befürchte, wenn die Söhne derjenigen, welche jetzt Bau=
„steine zu dieser Schandsäule herbeitragen, seine Worte lesen wer=
„den, so wird diesen Söhnen ob der Verblendung und der unpa=
„triotischen Thaten ihrer Väter die Schamröthe in das Gesicht steigen."

Was möchte wohl zu einem solchen, der Aufbewahrung gewiß wer=
then „Herzenserguß" unser Patriot vom Stein angemerkt haben?

Sicher hat aber wohl das nassauische Gouvernement, das ja Nassau
für einen „ackerbautreibenden Staat" hielt, in „anderen Hinsichten"
dem Ackerbau energisch unter die Arme gegriffen? Nun — die nassauische
Regierung zeigte sich darin höchst liebenswürdig gegen den Landbau,
daß sie ihm recht viele und recht drückende Steuern auf=
halste.

Hören wir, was in dieser Hinsicht der Abg. Dr. Braun in der
soeben citirten Rede sagt:

„Die Grundsteuer beträgt in Preußen auf den Kopf der Be=
„völkerung 16 Sgr. 10 Pf. — also in rheinländisch süddeutsche
„Währung übersetzt 59 kr. per Kopf; in Nassau beträgt sie per
„Kopf der Bevölkerung 2 fl. 16 kr. Das ist die billige
„Steuer!"

Und weiter:

„Außer dieser Steuer hat nun das Grundeigenthum bei uns
„schwer zu tragen an den jährlichen Amortisationsrenten für die
„Ablösungen. Das ist ja Alles bekanntlich noch nicht bezahlt;
„unsere Grundeigenthümer müssen noch bezahlen die Ablösungen
„von Zehnten, von Zinsen, von Gülten, von Erbleihen ꝛc. und es
„kommt dazu, daß diese Ablösungen höher sind als in
„der Mehrzahl der übrigen deutschen Staaten; es
„gilt das vorzugsweise von dem Ablösungsmaßstab für Erbleihen,
„der so hoch ist, daß die Leute gar nicht mehr ablösen können
„und wollen. In unseren Nachbarländern sind die Erbleihen zu
„der Hälfte und zu $1/3$ unserer Ablösungstaxe entfernt worden,
„und unsere Landwirthe sollen doch concurriren mit den hessischen

„und preußischen, und wenn sie härter gehalten werden als diese, „dann können sie nicht concurriren und gehen in „ihrem Wohlstand zurück. Ich will außerdem noch erwähnen „die hohen und vielfachen indirekten Abgaben, die neuerdings „eingeführt worden, die Biersteuer, die Branntweinsteuer, die „Octroys und Accisen 2c. Alles dies drückt mehr oder „weniger auf die Landwirthe; ihre Producte sind „es, die dadurch im Absatze erschwert werden. Es „kommt dazu, daß in Folge jener Steuern kleine „landwirthschaftliche Brauereien und Brennereien „eingehen mußten, die dann doch in solchen Zeiten wie jetzt, „wo der Winter länger dauert als die Futtervorräthe, für den „Viehstand außerordentlich nützlich wären. Es kommt endlich „hinzu, daß in der jüngsten Zeit von der Herzogl. Regierung „geradezu geflissentlich und systematisch begünstigt wird „die Einführung und Ausdehnung der Gemeinde-Octroys und der „Gemeinde-Accise, die man bekanntlich in aller Welt abschafft. „In anderen Staaten bringt man die größten Opfer, um diese „den Verkehr hemmenden, den Absatz der Producte erschwerenden, „die Producenten und namentlich die Landwirthe belästigenden „Abgaben zu beseitigen; bei uns führt man sie ohne Noth, „leichtfertig und unüberlegt ein, trotzdem daß sie den „ärmeren Schichten der Bevölkerung die nothwendigsten Lebens- „mittel vertheuern. Denn der Accis wird ja nicht von Austern „und Gänseleberpasteten erhoben, sondern von den gewöhnlichen „Nahrungsmitteln des Volkes."

Weit mehr als mit den Interessen der Agricultur, beschäftigten sich die „Gewalthaber" in Nassau mit der Hebung der Jagd.

Das Jahr 1848 hatte dem Lande, das auch schon vor diesem Jahre durch einen übermäßigen Wildstand schwer gelitten hatte, ein freisinniges Jagdgesetz mit Aufhebung des Jagdrechts auf fremdem Grund und Boden geschenkt. Ihrem System, fest in dem dem Lande Nach- theiligen zu verharren, auch hier getreu, beseitigte die Regierung das 1848er Gesetz durch ein 1855 octroyirtes, das nicht allein das verbriefte Recht des Landes hinsichtlich der Ausübung der Jagd rücksichtslos in Stücke zerbrach, sondern auch dem vormärzlichen Unfug eines übermäßigen, mit dem Gedeihen der Landwirthschaft absolut unverträglichen Wildstands wieder Thür und Thor öffnete. Leider wurde im Jahr 1860 durch eine aus Geistlichen, Bürgermeistern und Staatsbeamten zusammengesetzte Majorität diesem octroyirten so überaus schädlichen Gesetz im Wesentlichen nachträgliche ständische Genehmigung zu Theil.. In immer größerem Grade traten aber die höchst nachtheiligen Folgen dieser neusten Jagdgesetzgebung, die dem Landwirth weder eine zweckdienliche **Verhütung**, noch eine rasche und sachentsprechende Vergütung des Wildschadens zusicherte, zu Tage.

„Schafheerden gleich" begann das Wild aufzuziehen; in Rudeln von 80 bis 100 und mehr Stück trat es auf; „morgenweis" wurde der „Kohl" von demselben abgeweidet; bei einer einzigen Receptur erwuchsen, nach einer Angabe des Abg. Eigner, aus 18—20 Gemarkungen jährlich nicht weniger als beiläufig 550 Wildschadens-Vereinbarungs-Protokolle. — Zahlreiche Petitionen liefen bei dem Landtag ein, welche um Aufhebung des Jagdrechts auf fremdem Grund und Boden, sowie um Verminderung des Wildstands baten und des „Landwirths Noth" zum Theil in ergreifender Weise schilderten. Die zweite Kammer nahm sich dieser Gesuche warm und energisch an. Half Alles Nichts. Die Regierung zuckte keinen Finger, um dieser so begründeten Landesbeschwerde abzuhelfen. Deshalb konnte der Abg. L. Born in der Sitzung der zweiten Kammer vom 14. Juli 1864 sagen:

„Es ist wahrhaft ein Hohn, wenn man jedes Jahr
„die Anforderungen sieht, die die Herzogl. Regierung zur Hebung
„der Landwirthschaft stellt und daneben das Jagdgesetz bestehen
„läßt, welches zur Folge hat, daß zehnmal mehr beschädigt wird,
„als durch die anderen Versuche Nutzen herbeigeführt werden kann."
Und der Abg. Dr. Lang in der Sitzung vom 18. August 1864:

„Es ist ein Zustand hergestellt in Folge des Leibgeheges, der
„dem Bauer jeden Tag den Satz begreiflich macht,
„daß der Hirsch mehr Recht hat in Nassau, als der
„Bauer."

Unter diesen „rosigen" Zuständen litt natürlich der Wald nicht minder als das Feld. Die jungen Pflanzen wurden durch das Abäsen Seitens des Hochwilds „in ihrem Wachsthum gestört und verkrüppelt." Von den Forstschutzleuten, nicht blos mit dem Schutz des Waldes, sondern auch dem der Jagd beauftragt, erinnerten sich gar Manche zunächst nur daran, daß sie „herzoglich nassauische Jäger" seien.

Die Förster, welche doch aus den Gemeindecassen besoldet werden, wurden „nicht Tage, sondern Wochen lang unausgesetzt zur Jagd verwendet, ohne ihr Revier zu sehen, viel weniger zu betreten". Auch kam es, wie in einem von dem Abg. Mohr erstatteten Kammerbericht erwähnt wird, vor, daß etliche dieser „Forstschutzleute" von den den Waldculturen durch das Wild zugefügten Beschädigungen nicht nur keine Anzeige machten, „sondern dieselben eher noch zu verheimlichen und in Abrede zu stellen suchten." —

Selbst die im „Interesse der Agricultur" von der Regierung geschaffenen Institute brachten dem Land wenig Früchte. So das Landesgestüt; so das landwirthschaftliche Institut zu Wiesbaden. Das letztere gehörte nicht nach Wiesbaden, sondern in die Mitte des Landes; durfte nicht für den großen Grundbesitz, sondern mußte für die Bedürfnisse der kleinen Gutsbesitzer berechnet sein, und hätte am besten längst einigen bescheidenen, aber für die Befriedigung der ebengenannten Bedürfnisse eingerichteten und über die einzelnen Bezirke des Landes zweckmäßig vertheilten Ackerbauschulen Platz gemacht. —

Die Klagen über die Stellung der Regierung zum Handel und zur Industrie reichen bis in die allerneueste Zeit; in der schon mehrmals citirten im vorigen Jahre gehaltenen Rede des Abg. Dr. Braun heißt es in dieser Hinsicht:

„Ich finde, daß Handel und Industrie bei uns nicht sehr be„günstigt werden, denn bei Concessionen zu Bauten und Fabrik„anlagen haben die Leute solche Schwierigkeiten zu überwinden, „daß sie es für klüger halten, sich jenseits der „nassauischen Grenze anzusiedeln. In unseren Hafen„orten, die doch für Handel und Industrie und überhaupt für den „öffentlichen Verkehr bestimmt sind, läßt man keine Fabriken hin„bauen, vielmehr sagt man: „„Da sollen Villen, Land- und Luxus„häuser, Prachtbauten hingestellt werden, mit der schmutzigen In„dustrie wollen wir nichts zu thun haben."" So kommt es denn, „daß bei Biebrich die industriellen Etablissements dicht jenseits der „nassauischen Grenze auf das hessische Gebiet verpflanzt sind; daß „die hessischen Staats- und Gemeindecassen die Steuern bekommen „und wir nur das, was invalid wird von den Arbeitern, und den „Rauch und Stank und die sonstigen Abfälle des Geschäfts. Man „geht sogar so weit, daß man allerlei Dinge verlangt; z. B. wenn „eine Gasfabrik angelegt wird, so verlangt man, daß ein Blitz„ableiter aufgepflanzt werde, der fast die Höhe des Straß„burger Münsters erreicht."

Namentlich hatte auch die Bergwerksindustrie — der wichtigste Zweig der nassauischen Industrie — schwer wiegende Klagen, die insbesondere der Abg. Raht gelegentlich der Adreßdebatte des 1864er Landtags in treffender und energischer Weise zur Sprache brachte.

Anstatt, wie es in der 1864er Adresse der zweiten Kammer gewünscht wird, „die noch bestehenden gewerblichen Beschränkungen", sowie die „Hindernisse", welche der Entwicklung der Landwirthschaft entgegen standen, zu beseitigen, richtete die Regierung vielmehr eine besondere Sorgfalt auf die Conservirung gewisser, entweder längst veralteter oder gar gemeinschädlicher Dinge, so der Monopolien des Lumpensammelns, der Wasummeisterei und des Hazardspiels. —

Auch die hartnäckige Beibehaltung des Thurn und Taxis'schen Postinstituts war dem Lande wenig nützlich.

Um die Aufhebung der im Herzogthum Nassau bestehenden Spielprivilegien, „die mit dem Staatswohl unvereinbar seien", wurde die Regierung von der zweiten Kammer der Stände wiederholt ersucht; letztere nahm von den betreffenden ständischen Beschlüssen keinerlei Notiz.

Die „in Erbbestand gegebenen" Monopolien der Wasummeisterei und des Lumpensammelns erfreuten sich eines „polizeilichen und strafrechtlichen Schutzes", der sich durch die Gesetzgebung des Landes keineswegs rechtfertigen ließ.

Was das Postwesen anlangt, so besaß und besitzt das Haus Thurn und Taxis bezüglich desselben weder „Reichs= noch Bundeslehen", sondern lediglich einen „aus der Rheinbundszeit herrührenden Pacht=Vertrag", der periodisch erneuert wurde.

In dieser Hinsicht heißt es in einem sehr erschöpfenden Kammerbericht des Abg. Dr. Braun vom 4. Juni 1860:

„Das Ergebniß unserer Untersuchung ist, daß, auch abgesehen „davon, daß zu den Zeiten des deutschen Reichs das fürstliche „Haus Thurn und Taxis keineswegs bezüglich sämmtlicher Territorien, welche gegenwärtig das Gebiet des Herzogthums bilden, „im Besitz und Genuß der Posten war und daß auch seit dem „Jahr 1806 wieder bedeutende Territorialveränderungen hinsicht„lich des Herzogthums Nassau vorgegangen sind: Seine Durchlaucht „der Fürst von Thurn und Taxis in Nassau auf das ihm durch „den Reichsdeputationshauptschluß von 1803 verliehene Recht ver„zichtet, und ein durch die Bundesakte garantirtes Recht nicht „erworben hat, sondern daß der Vertrag vom 19. December

„1806 die alleinige Basis des zwischen dem Herzogthum Nassau
„und dem Fürsten von Thurn und Taxis bestehenden Rechtsver=
„hältnisses bildet; daß in Nassau dem Landesherrn alle Rechte
„des Postregals im vollsten Umfang und ohne irgend eine Be=
„schränkung zustehen, und nur die zeit= und theilweise Aus=
„übung desselben dem Fürsten von Thurn und Taxis über=
„tragen ist."

Hiernach stand gar nichts im Wege, die periodisch mit dem Haus Thurn und Taxis abgeschlossenen Post=Pacht=Verträge nicht wieder zu erneuern, sondern vielmehr die nöthigen Vorbereitungen zu treffen, „um das Postregal auf Rechnung der Staatskasse in Zukunft auszuüben und denjenigen Transport von Personen, welcher nicht nothwendig seiner Natur nach in den Umfang des Postregals fällt, der öffentlichen freien Concurrenz zu überlassen."

Die Regierung ließ die Dinge „gehen" und das Haus Thurn und Taxis bezog vor wie nach gegen einen verhältnißmäßig sehr geringen „Lehnscanon" höchst bedeutende Revenüen aus der Ausübung des nassauischen Postregals.

Was die „öffentlichen Bauten" betrifft, so hörten auch in dieser Hinsicht die Klagen nie auf.

Hinsichtlich der Wegbauten wurde getadelt, daß die Verbindungs=wege da, wo es das Interesse des Verkehrs dringend erheische, gar nicht oder doch viel zu — spät hergestellt würden; daß die Ausführung der Straßen in einer wahrhaft schneckenartigen Weise voranschreite; daß die endlich nach langen Zeiträumen vollendeten Wege hinsichtlich der Anlage nicht selten grobe Verstöße und auffallende Mängel aufzeigten.

Auch in der Wegbaugesetzgebung war die Regierung wenig glücklich.

Am 2. Oktober 1862 war das Gesetz „die Erbauung chaussirter Verbindungsstraßen betreffend" verkündet worden. Bereits im Jahre 1864 zeigte sich dessen Revisionsbedürftigkeit.

In der von den Abg. Ludw. Born und Minor am 23. April 1864 unterzeichneten Rechtfertigung ihres Antrags:

„Die zweite Kammer wolle beschließen: Herzogliche Regierung zu ersuchen, das Gesetz vom 2. Oktober 1862 dem gegenwärtigen Landtage zur Revision vorzulegen" — war gesagt:

„Daß das gegenwärtige Wegbaugesetz den Bau der Wege mehr
„hindert als fördert, geht schon daraus hervor, daß die Er=

"bauung von Wegen, welche von der Umgegend, wie von den
"Lokal= und Centralverwaltungsbehörden als nothwendig erkannt
"sind, seit Inkrafttretung dieses Gesetzes durch den Widerstand der
"als beitragspflichtig erkannten, aber dabei nicht interessirten Ge=
"meinden gescheitert ist."

Die Regierung gab bezüglich des hier fraglichen Antrags die Er=
klärung ab: "daß sie eine Abänderung des Wegbaugesetzes nicht für ge=
boten oder zweckmäßig erachte;" die 2te Kammer erklärte sich mit allen
gegen zwei Stimmen für die Nothwendigkeit einer Revision.

Die Wasserbauten erfreuten sich ebenwohl keines Beifalls. Be=
treffs der Correktur des Lahnstroms und betreffs des Lahn=Schleußen=
baus fand man Vieles tabelnswerth. Von einer "neuerbauten"
Schleuße, derjenigen beim Hofe Hollerich, wurde sogar behauptet, die=
selbe sei für die "Schifffahrt gefährlich", — und die Herzogliche
Regierung sah sich gezwungen selber anzuerkennen, "daß das Einfahren
in die Schleuße beim Hofe Hollerich bei gewissen Wasserständen gefähr=
lich sei."

Da war es wohl sehr am Platz, wenn gelegentlich dieses "Anerkennt=
nisses" Seitens der Regierung der Abg. Hilf erklärte:

"Derselbe Mißstand, welchen die Hollericher Schleuße hat, besteht
"auch mehr oder weniger bei andern Lahnschleußen. Es kommt
"das eben daher, daß sich unsere Techniker zu sehr einzig auf ihre
"technische Kenntnisse verlassen, und nicht auch andere Sachverstän=
"dige und mit den betreffenden Flußstrecken genau vertraute Leute
"gehörig zu Rathe ziehen. Es wäre sehr zu wünschen, wenn dies
geschehe; dann würden wir nicht so häufig zu bedauern
"haben, daß große Summen ohne Erreichung des bei
"deren Verwendung vorbezielten Zwecks ausgegeben
"worden seien."

Die Rheinhäfen anlangend wurde noch im Laufe dieses Jahres
in der Ständeversammlung Seitens des Abg. Ruß und des Freiherrn
von Zwierlein zur Sprache gebracht, daß solche Einrichtungen welche die
"Hafenfrequenz" sichern könnten, nicht getroffen seien, weßhalb sich der
Abg. Dr. Braun zu der Bemerkung veranlaßt sah:

"Nach den Mittheilungen, die wir soeben vernommen haben,
"liegt also der Grund der geringen Frequenz unserer Hafenanlagen,
"die uns beiläufig bemerkt sehr viel Geld gekostet haben,

„darin: daß nicht für die nöthigen Vorkehrungen gesorgt ist, welche
„den Verkehr zwischen der Wasser= und der Landstraße erleichtern.

„Es fehlen also die Ab= und Zugänge und es fehlen die Vor=
„kehrungen, die für das Löschen und Laden nothwendig sind, um
„das bequem und zweckmäßig zu machen. Das wären nun Punkte
„die sich der Fürsorge der Herzoglichen Regierung sehr empfehlen.
„Es wäre gewiß weit mehr gerechtfertigt, eben solche
„produktive Ausgaben zu machen, zu Zwecken, die
„das Nationalvermögen erhöhen und den Staats=
„Finanzstand aufbessern, statt fortwährend irgend
„welche kostspielige Neuerungen an den militärischen
„Uniformen und dergleichen zu machen."

V. Wir haben oben gesehen, wie Stein über die Nassauische „Do=
mänenfrage" und die „Entschädigung" für die durch die Aufhebung der
Leibeigenschaft „verlorenen Gefälle" dachte.

Auch diese Domänenfrage sollte unerledigt bleiben.
Wie ein nicht zeitig und sachentsprechend entferntes, vielmehr immer
breiter und tiefer sich einfressendes Eitergeschwür allmählig den ganzen
Körper in Mitleidenschaft zieht und mehr und mehr krankhaft verstimmt —
so corrumpirte diese Domänenfrage nach und nach den ganzen nassauischen
Staatsorganismus und setzte an die Stelle der Hingebung und des Ver=
traues — Unversöhnlichkeit und unbedingtes Mißtrauen.

„So lange wir Nassauisch sind, bemerkte in der Sitzung der
„2. Kammer vom 29. April 1864 der Abg. Dr. Lang — so lange
„wir angeblich unter einer constitutionellen Verfassung in dem
„Herzogthum Nassau in seiner dermaligen Begrenzung zusammen=
„leben — hat der Domänenstreit gedauert. Ich bedauere
„es so gut wie die anderen Herrn, daß die Domänenfrage in dem
„Vordergrund gestanden hat während der ganzen Dauer des
„Staats Nassau auf seiner gegenwärtigen Rechtsgrundlage; ich be=
„dauere, daß dadurch die ganze Entwickelung gehindert worden
„ist, durch Streitigkeiten, nicht über Fragen, in denen auch andere
„Staaten und andere Völker sich ergangen haben, sondern über
„das **ordinäre Mein und Dein**; daß das regierende Haus und
„das Land nicht etwa in Differenzen gewesen sind über die öffent=
„lichen Rechte und Bedürfnisse, die dem Lande zu gewähren seien,

„und über die Grenzen der Regierungsbefugnisse, sondern daß „man gestritten hat über Mein und Dein bis auf die „heutige Stunde. Wir sind nicht schuld daran, daß die Ent= „wicklung des Landes dadurch aufgehalten wurde, denn wenn „das Land Nassau hinsichtlich des Domänenrechts weiter nichts in „Anspruch nahm, als was alle andere deutsche Staaten auch „gethan haben, so ist das nicht unbillig. Man ist Seitens „des Landes in der Domänenfrage nie unbillig gewesen. Wenn „aber die Herzogliche Familie ein Domänenrecht für sich in An= „spruch nimmt, wie es in keinem deutschen Staate besteht, und „wenn dagegen das Land sich wahrt, und wenn wir heute noch „bestreiten, daß ein solches Domänenrecht besteht, so glaube ich, „ist das nicht allein ein Recht, was wir haben, sondern es ist eine „Pflicht und Schuldigkeit. Nassau ist zusammengesetzt aus etwa 27 „Länderstücken, die ehemals anderen Herrn gehörten, und dort „bestand auch ein Domänenrecht und für diese 27 Länder soll sich „nun ein ganz apartes Nassauisches Domänenrecht heraus= „gebildet haben, welches ganz und gar nicht in Ueber= „einstimmung ist mit dem Domänenrechte, was sich „gebildet hatte in den einzelnen Landestheilen, aus „denen das gegenwärtige Herzogthum zusammenge= „setzt ist?"

„Schon diese einfache Betrachtung muß dahin führen, daß „man die Domänenfrage nicht in der Weise lösen kann, daß man „einfach die extremen Bestimmungen annimmt, die von der Regie= „rung für ihren Domänenstandpunkt geltend gemacht werden."

In der ersten Zeit traten für die Rechte des Landes in der Do= mänenangelegenheit Mitglieder der Herrenbank ein — außer Stein, Graf Walderdorff, der, wie wir oben sahen, Stein's Vorstellung vom 9. August 1816 dem Herzog selbst überreichte; nach Eröffnung der Stände im Jahr 1818, namentlich Herr von Ritter, Graf von Ingelheim. Es erfolgten „standhafte Proteste" gegen die von der Regierung beliebte Auffassung des Rechtsverhältnisses hinsichtlich der Domänen. Im Anfang der 30er Jahre nahm die 2te Kammer den fraglichen Streit mit großer Energie auf. Der unerhörte Scandal der „Fünfmännerkammer" und die Verurtheilung Herbers zu einer Correctionshausstrafe sind noch unvergessen. Der angebliche „Abschluß" vom Jahr 1836 — wurde nur von den vom „Hof Abhängigen" für eine definitive „Schlichtung" des Streits angesehen — — nicht aber vom nassauischen Volk, das an seinem guten Recht und der Hoffnung, daß der Tag des Sieges der gerechten Sache schon kommen werde, fest= hielt. —

Und dieser Tag kam. Es war der vierte März 1848, an dem die Nassauer dem Regentenhaus gegenüber ihre Forderungen formulirten. Unter den letztern war dem nassauischen, durch die 30jährige Kränkung seines guten Rechts höchst unzufriedenen Volke die der Erklärung der Domänen zum Staatseigenthum bei Weitem die wichtigste. Vom Regenten wurden die Forderungen der Nassauer ganz bedingungslos „genehmigt." Die landesherrliche Proclamation, worin diese Genehmigung erfolgte, lassen wir, gerade der Wichtigkeit wegen, welche sie für die nassauische Domänenfrage hat, hier wörtlich folgen.

„**Landesherrliche Proclamation.**

„Getreue Nassauer!

„Gestern Nachmittag, von einer achttägigen Reise zurückgekehrt, habe „ich die außerordentliche Lage des Landes erfahren.

„Ihr habt von mir gefordert:

„1) Allgemeine Volksbewaffnung mit freier Wahl seiner Anführer, „namentlich sofortige Abgabe von 2000 Flinten und Munition „an die Stadtbehörde von Wiesbaden.

„2) Unbedingte Preßfreiheit.

„3) Sofortige Einberufung eines deutschen Parlaments.

„4) Sofortige Vereidigung des Militärs auf die Verfassung.

„5) Recht der freien Vereinigung.

„6) Oeffentlichkeit, öffentliches mündliches Verfahren mit Schwur= „gerichten.

„7) Erklärung der Domänen zum Staatseigenthum „unter Controle der Verwaltung durch die „Stände.

„8) Sofortige Einberufung der zweiten Kammer lediglich zur „Entwerfung eines neuen Wahlgesetzes, welches auf dem „Hauptgrundsatz beruht, daß die Wählbarkeit nicht an einen „gewissen Vermögensbesitz gebunden ist.

„9) Beseitigung aller Beengungen der uns verfassungsmäßig zu= „stehenden Religionsfreiheit.

„Diese Forderungen, deren Gewährung Euch mein Minister ver= „sprochen, und meine Mutter und mein Bruder mit Ihrem Namen ver=

„bürgt haben, genehmige ich und werde ich halten. Habt Vertrauen
„auf mich, wie ich Vertrauen habe auf Eure Treue und
„Muth, wenn das Vaterland bedroht ist und Eurer be=
„dürfen solle.

„Die erste dieser Forderungen, die Volksbewaffnung, hat sich be=
„reits gestern bewährt durch die muthige und treue Haltung der Bürger=
„garde von Wiesbaden und ich rechne darauf, daß sie auch überall im
„Lande mit Ordnung in Ausführung gebracht wird.

„Getreue Nassauer! Jetzt gilt es, Ordnung und Ruhe aufrecht zu
„erhalten; dies ist um so nothwendiger in einer selbstständigen freien
„Gemeinde=Verfassung, die ich Euch gerne geben werde.

„Nassauer, wie ich mich auf Euch verlasse, so verlaßt Euch fest
„auf Euren Herzog!

„Wiesbaden, den 5. März 1848.

Adolph."

Auf der Basis dieser Proclamation, bezüglich welcher, wie es in
dem betreffenden Ausschußbericht der 1849 wegen der Zusammenstellung
des in dem Herzogthum geltenden Staatsrechts mit der Regierung ver=
handelnden Ständeversammlung heißt, „unzweifelhaft", daß sie die
unbestreitbare Grundlage des neuen Staatsrechts hinsichtlich der Domänen
enthalte" — wurden zwischen der genannten Ständeversammlung und
der Regierung die folgenden, in der „Verfassung vom 28. December 1849"
unter §. 84 eingefügten Sätze vereinbart:

. §. 84. „Die Domänen sind Staatseigenthum; ihre Verwal=
„tung geschieht durch die Finanzbehörde unter Controle des Land=
„tags. Auf den Einkünften der Domänen haftet die Verbindlich=
„keit, die Kosten für den standesmäßigen Unterhalt des Herzogs
„und der Herzoglichen Familie, sowie die Landesverwaltungsaus=
„gaben, soweit dieses möglich ist, zu bestreiten. Der Betrag der
„für die Herzogliche Schatulle und Hofhaltung (Civilliste) zu ver=
„wendenden Summe ist Gegenstand einer Vereinbarung mit dem
„Landtag. Die den dermaligen Mitgliedern der Herzoglichen Fa=
„milie ausgesetzten Apanagen und Wittthum bleiben auf deren
„Lebenszeit unverändert; über die künftig zu gewährenden Apa=
„nagen, Wittthume und Ausstattungen wird mit dem Landtag eine
„feststehende Bestimmung vereinbart, welcher nachmals in den vor=
„kommenden einzelnen Fällen nachzugehen ist." —

Am 25. Novemb. 1851 erschien eine „Ordonnanz" in der gesagt war:
„Unsere Erklärung der Domänen zum Staatseigenthum, unter
„Controle der Verwaltung durch die Stände hat zu Auslegungen
„und Folgerungen Veranlassung gegeben, welche ebensowenig mit
„der auf ihrem geschichtlichen Ursprung beruhenden rechtlichen Natur
„der Domänen, als mit den Unserem Hause daran zustehenden
„Rechten, deren Bewahrung Uns obliegt, vereinbar sind,
„weßhalb wir uns bewogen finden, hierüber nochmals eine offene
„Erklärung abzugeben,"
und in der in §. 1 und 2 „verfügt" war:
„Das provisorische Gesetz vom 5. April 1848 wird aufgehoben
„und die unter dem 28. December 1849 verkündigte Zusammen-
„stellung des nach den bestehenden Gesetzgebungen im Herzogthum
„Nassau geltenden Staatsrechts, unbeschadet der fortdauernden
„Gültigkeit der Haus- und Landesgesetze, aus welchen Bestim-
„mungen in dieselbe aufgenommen sind, außer Gesetzeskraft erklärt."

§. 2.:
„Wir wiederholen Unseren Unterthanen die ihnen bei Unserem
„Regierungsantritt ertheilte Zusicherung, daß Wir die ihnen von
„Unseren Regierungsvorfahren in dem Edikt vom 1/2. September
„1814 verliehenen verfassungsmäßigen Rechte und die den Land-
„ständen Unseres Herzogthums zu deren Bewahrung beigelegten
„Gerechtsame in ihrem vollen Umfang nach Kräften aufrecht erhalten
„werden."

„Insbesondere erneuern Wir hinsichtlich Unserer Erklärung der
„Domänen zum Staatseigenthum die Bestätigung der Controle
„ihrer Verwaltung durch die Landstände, indem dadurch an
„deren in den Hausgesetzen bereits gewährleisteten
„rechtlichen Natur und an den daraus für Uns und
„Unser Haus geschichtlich hervorgegangenen und uns
„zur Bewahrung anvertrauten Rechten **nichts geändert ist.**"

Also an diesen dem Haus Nassau-Weilburg zur Bewahrung „anvertrauten Rechten" war „nichts geändert" worden?

Die von dem Schloßbalkon an die an dem 4. März vor dem Schloß versammelte Menge gerichteten, von vielen Tausenden gehörten Worte waren nicht gefallen?

Die oben mitgetheilte „Proclamation" war nie erlassen worden?

Die „Zusammenstellung des nach den bestehenden Gesetzgebungen in dem Herzogthum geltenden Staatsrechts" war nie als nassauisches Landesrecht „verkündet" worden?

Es war klar, die November-Ordonnanzen, die das bisher in „gesetzlicher" Wirksamkeit stehende, zwischen Fürst und Volk vereinbarte öffentliche Recht des Landes umwarfen, waren wesentlich wegen der über die rechtliche Natur der Domänen vereinbarten Normen erlassen worden. Auch in Ständekreisen war man hierüber durchaus nicht zweifelhaft.

Es fehlte zwar nicht an Personen, die da sagten: eine Proclamation sei nicht ein Gesetz; das gewissermaßen unter einem „Druck" Zustandegekommene sei anfechtbar; die in der fraglichen Proclamation gemachten Zusagen und Verzichte könnten erst dann einen rechtlichen Zustand begründen, wenn über dieselben eine „verfassungsmäßige Vereinbarung" zu Stande gekommen sei.

Aber war es denn klug, an einem „Fürstenwort" zu deuteln, zu klügeln und zu mäkeln? — zumal an einem Fürstenwort, das in so feierlicher Weise und unter so bedeutungsvollen Umständen abgegeben war? War denn diese „verfassungsmäßige Vereinbarung" nicht wirklich zu Stande gekommen und lag sie nicht vor in dem am 28. December 1849 als Landesgesetz verkündeten Staatsrecht? Und kann man wohl für den Tag der Unterzeichnung und Verkündigung dieses Staatsrechts Seitens des Regenten, also den 28. December 1849, irgend einen „Druck" behaupten?

„Dieser Akt" (Erlaß der Novemberedikte), bemerkte der Abg. Dr. Lang sehr richtig in der Rechtfertigung seines im Jahr 1864 in Gemeinschaft mit den Abg. Knapp, Minor und Bausch gestellten auf Wiederherstellung der 1849er Verfassung gerichteten Antrags — „dieser Akt stellt sich, wie sofort von selbst einleuchtet, „einfach dar als ein nackter Einbruch in das in anerkannter „Wirksamkeit bestandene und verbriefte Recht des Landes, der noch „heute fortbesteht und fortwirkt, eine Verletzung des Rechtsgefühls „und Rechtsbewußtseins, die heute noch nicht getilgt ist;"
und weiterhin in eben dieser der zweiten Kammer dargelegten Rechtfertigung:

„Der oben erwähnte (im Jahr 1849 niedergesetzte) Verfassungs„ausschuß hat namentlich über diese Bestimmung (den oben abge„druckten §. 84) sehr lange Verhandlungen mit der Regierung „gehabt, in Folge deren die **Regierung selbst** endlich den §. 84

„in der erwähnten Fassung einbrachte und dessen Annahme von „der Kammer verlangte. Nach weiterer eingehender Erörterung „(Verhandlungen von 1849 B. III. pag. 39—69) wurde dann „der Regierungsantrag in obiger Fassung angenommen und damit „der 30jährige Domänenstreit vertragsmäßig er= „ledigt."

„Ist es rechtlich möglich, daß dies einseitig geändert wird?

„Daß die Rechte des Landes demselben einseitig entzogen „werden?

„Welch großes Interesse die Bürger des Landes an Aufrecht= „haltung des anerkannten Rechtes haben, ergibt neben Anderem „auch schon die einfache Betrachtung, daß dermalen der Reinertrag „der Domäne durchschnittlich 5—600,000 fl. beträgt und im Jahr „1887 mit Heimfall einer Schuldentilgungsrente um nahezu „300,000 fl. wächst, sodaß wenn der angezogene §. 84 der Ver= „fassung von 1849 noch in Anwendung wäre, auch bei Feststellung „einer nach unseren Verhältnissen sehr reichlichen Civilliste „doch für jetzt der Betrag von mehr als einem halben und für „eine nicht ferne Zukunft von mindestens anderthalb Steuersimpeln „aus den Domänenrevenüen in der Staatskasse übrig blieben.

„Daß nun diese Vereinbarung durch den einen Interessenten „mittelst Octroyirung aufgehoben, der Besitzstand einseitig „geändert und mit einer illegalen Versammlung ein gültiger „Verzicht auf die Rechte des Landes an dem Domanialvermögen „vereinbart werden könne — eine solche Behauptung würde den „unbestrittensten, klarsten Rechtsbegriffen so sehr widersprechen, daß „sie hier nicht widerlegt zu werden braucht."

Mit dieser vortrefflichen Erklärung des Abg. Dr. Lang, der wir in allen Stücken beipflichten, wollen wir die Untersuchung des Rechts hinsichtlich der nassauischen Domäne abschließen — und nur noch einige Worte über die wirthschaftliche Seite sagen.

In Nassau beschäftigte sich das Volk bisher vorzugsweise mit der Erzeugung von Holz, Getreide, Wein und der Gewinnung von Bergwerksproducten; außerdem wurde dasselbe durch das Vor= kommen so vieler Thermen und Mineralquellen — man zählt deren in Nassau nicht weniger als 135 — angewiesen, in der Ausbeutung der letzteren eine vorzügliche Nahrungsquelle zu suchen. Die Domäne be= gnügte sich nicht damit, an diesen verschiedenen volkswirthschaftlichen

Thätigkeiten „Antheil" zu nehmen: — sie nahm einen Zweig derselben (Mineralwasserdebit) monopolistisch vollständig in Beschlag und trat bezüglich der anderen, in Folge ihres großen „Besitzes", ihrer bedeutenden „Hülfsmittel" und der ihr mehr oder weniger zur Verfügung stehenden „Staats-Anstalten" und „Staatsdiener", vorab der Forst- und Finanzbeamten, derartig wuchtig concurrirend auf, daß sie auf den „Markt" und die „Preise" nicht blos Einfluß gewann, sondern dieselben nicht selten geradezu „beherrschte".

Dies galt insonderheit vom Handel mit Holz. Die Waldfläche nimmt im Herzogthum, nach einer von Otto Sartorius mitgetheilten Notiz, 777,813 Morgen oder 40,88 Procent der Gesammtfläche ein, welche sich auf folgende Waldeigenthümer vertheilen: Gemeinden und Corporationen 586,776 Morgen; Kirchen, Pfarreien, Schulen und Stiftungen 3,844 M.; Private 38,400 M.; Domäne und Hofhaltung 148,793 M.

In dem Einnahmeetat der Domänenkasse für das Jahr 1864 figuriren die Domanialforsten mit 600,000 fl.

Der Gemeindebesitz vertheilt sich auf die verschiedenen örtlichen Ansiedelungen: 32 Städte, 35 Flecken und 817 Dörfer; der Privatbesitz an und für sich nicht erheblich, ruht ebenwohl in den Händen vieler Personen — wie mußte da der in einer Hand zusammengeballte Besitz von beiläufig 150,000 Morgen in die Wagschale fallen! Zumal — die Bewirthschaftung und Benutzung des Waldes nicht dem Ermessen der Privaten, Gemeinden und Corporationen anheim fiel, sondern der Entscheidung öffentlicher Diener, die „gleichzeitig" für die Interessen der Gemeinden, wie die der Domäne thätig sein sollten, wiewohl die letzteren mit den ersteren gar oft im Conflikt lagen. Gerade bei derartigen Conflikten zeigte sich die „Zwiespaltigkeit" der den Finanz- und Forstbeamten gestellten Aufgaben besonders verderblich. Gar häufig erfolgte, ganz im Widerspruch mit dem alten bekannten Rechtssatz die schließliche Erledigung für — nicht gegen die Domäne.

Auch in der Bade- und Montan-Industrie war die Concurrenz der „Domäne" sehr vom Uebel; der Weinhandel der letzteren drängte sich im Verkehr, bei Ausstellungen u. s. w. so vor, daß dem Weinhandel der Privaten nur eine verhältnißmäßig bescheidene Rolle zufiel.

In dem schon erwähnten Einnahmeetat der Domänenkasse für das Jahr 1864 figuriren die Einnahmen von den „Weinbergen" mit 115,000 fl.; ferner die von „Gütern in Zeitbestand" mit 200,000 fl.; die von „Gütern in Erbbestand" mit 5000 fl.; die von „Gütern in eigener Administration" mit 35,000 fl.; endlich die von „verkauften Früchten" mit 160,000 fl.

Nach diesen Zahlen kann man den „Gutsbesitz" und den „Einfluß der Domäne auf den Fruchthandel" ermessen.

Dieser Gutsbesitz, der die berühmtesten Weinberge, die fruchtbarsten Aecker, die ergiebigsten Wiesen umfaßt — entzog den schönsten und besten Theil eines nur 80 und etliche ☐-Meilen und ein „verhältnißmäßig sehr kleines landwirthschaftliches Areal" enthaltenden Landes der **Privatwirthschaft**, die doch allein den größtmöglichen Ertrag zu erzielen und über größere Kreise Glück und Behagen zu verbreiten vermag. Wenn also — einestheils die Domäne durch ihren „Besitz" die ergiebigsten Ländereien der wirthschaftlichen Thätigkeit des Volks vorenthielt, anderntheils dem letztern — mit kolossalen Kräften und unterstützt von der ganzen Staatsmaschine, in ihrer Eigenschaft als Bergwerksbesitzer, als Badewirth, als Wein-, Frucht-, Holz- und Mineral-Wasser-Händler in den wichtigsten Branchen des Verkehrs die großartigste und verderblichste Concurrenz machte — war es da ein Wunder, daß die Population so langsam anwuchs; daß die Auswanderung so starke Dimensionen annahm; daß die Vermehrung des National-Wohlstandes weder mit den natürlichen Quellen des Reichthums noch mit der Entwicklung anderer Staaten irgendwie im Verhältniß stand! —

Waren Brod und Holz **billig** — so mußte dies der „Domäne" „sehr fatal" sein — sie wollte ja aus ihren Frucht- und Holz-Vorräthen „hohe Einnahmen" „machen"; waren Brod und Holz **theuer** — so waren die Zeiten für sie „sehr angenehm" — — ihre Beutel füllten sich ja stattlich mit den vom Volk in Kummer und Noth aufgebrachten Gulden. Welch ein unheilvoller, welch ein unnatürlicher Zustand! Litt das Volk, das außerdem stets den Stachel des ihm in der Domänen-Eigenthums-Frage zugefügten schweren Unrechts lebhaft und bitter empfand, so gingen die „Geschäfte" des Regentenhauses **flott**.

Und dieses durch die Geschäfte der eigenen Herrscherfamilie in seinem Erwerb so ungemein gehemmte Volk, mußte von Jahr zu Jahr mehr Steuern aufbringen. Zu den alten, an und für sich „fehlerhaften" und außerdem in der Praxis so ungleich vertheilten Steuern trat die Besteuerung des Biers und des Branntweins. Namentlich wurde die **Gewerbesteuer**, die dem Handwerkerstand fortwährend zu den heftigsten Beschwerden Anlaß gab, zu einer „Schraube ohne Ende". Die **Stempel-Erhöhungen** waren schon 1816 von Stein als eine „für die Armuth drückende, unerträgliche

— 59 —

Last" bezeichnet worden; die nassauische Regierung suchte jedoch die Stempelgelder immer mehr in die Höhe zu treiben — — während sie 1856 erst 232,276 fl. betrugen, erreichten sie 1864 schon die Summe von 418,160 fl.

Die Confirmationstaxen, von denen der Abg. Dr. Braun in einem im Laufe dieses Jahrs erstatteten Kammerbericht sagt:

„sie erschwerten den Uebergang des Eigenthums aus einer Hand „in die andere, während doch dieser Uebergang in der Regel den „Werth der Besitzung erhöhe, indem er sie aus fauler ungeschickter „unproduktiver Hand, in fleißige geschickte und produktive Hand „bringe; wirkten also gemeinschädlich" —

wurden von der Regierung weder „aufgehoben", noch auf das bisher davon „befreite Grundeigenthum" ausgedehnt.

Und während die gedrückten, mit Noth und Entbehrung kämpfenden kleinen Bauern und Handwerker unverhältnißmäßig schwer belastet wurden, gingen die „Kinder des Glücks und des Reichthums" mit ihren aufgespeicherten Capitalien bei der Besteuerung — — leer aus, so daß Nassau das Eldorado wurde, nicht für die Geldsucher, wohl aber die erobertes Geld Genießenden, besonders aus gewissen, mit zahlreichem der Unterstützung bedürftigen Proletariat angefüllten und mit einer Gemeinde=Einkommensteuer von 8, ja sogar 20 Procent gesegneten rheinischen Städten.

Die ganze Steuergesetzgebung Nassau's war schon seit lange einer gründlichen Reform „in allen ihren Gliedern" dringend bedürftig; sie wurde auch von dem Landtag bei der Regierung wiederholt beantragt.

Alles „verlorene Mühe". Kein Wunder, daß bei so bewandten Umständen die nassauischen Steuerzahler mehr als die in anderen deutschen Staaten in Anspruch genommen wurden.

„Ich habe, sagt der Abg. Dr. Braun in seiner in der 2. „Kammer gehaltenen Rede über die wirthschaftlichen Verhältnisse „des Herzogthums Nassau — — nun aber auch die Vergleichung „ausgerechnet, bezüglich des gesammten Steuerquantums in „den Jahren 1855—1862 in Preußen und in Nassau. In Nassau „sind während der Jahre 1858 bis 1862 in summa 24½ Simpel „Steuer erhoben worden; macht im Durchschnitt per Jahr $4^{9}/_{10}$ „Simpel — das vertheilt sich per Kopf und Jahr (ich nenne zu= „erst die Ziffer von Nassau und dann von Preußen) während die=

„ses Zeitraums bei der direkten Steuer in Nassau auf 3 fl. 19 kr.
„in Preußen auf 2 fl. 49 kr. In Betreff der indirekten Steuer
„beträgt die Quote in Nassau per Jahr 4 fl. 39 kr. per Kopf
„der Bevölkerung, in Preußen 4 fl. 14 kr.; die direkten und in-
„direkten Steuern zusammen in Nassau 7 fl. 58 kr. — in Preußen
„7 fl. 3 kr.; also bezahlen wir per Kopf und per Jahr in dem
„gedachten Zeitraum 55 kr. mehr als Preußen."

Um übrigens die „Höhe" einer Steuerlast ganz zu ermessen, muß man auch untersuchen, was denn eigentlich mit dem „Schweiß des Volks" — für Staat und Volk gewirkt und geleistet wird.

Die von Kleinstaaten aufgewendeten Kosten für das Militär sind z. B. — nicht bloß zu „hoch" — oder zu „schwer", sondern stets und unter allen Umständen absolut „unnütz". Der eigentliche Zweck der stehenden Heere, — bemerkt E. Pfeiffer in seiner „vergleichenden Zusammenstellung" — Schutz nach Außen zu gewähren — wird durch das Militärsystem der Mittelstaaten in keiner Weise erfüllt, und viel weniger noch bei den Kleinstaaten. Die Summen, welche also dafür jährlich verausgabt werden, sind geradezu nutzlos verschwendet, indem die Selbstständigkeit eines Staats, der über 25,000 Mann Truppen zu verfügen hat, immer nur eine imaginäre bleibt, so lange er mit Staaten umringt ist, die jeden Augenblick 600,000 bewaffnete Mann in's Feld schicken können. Wenn also die Ausgaben, welche die Großmächte für militärische Zwecke machen, ungeheuer erscheinen im Vergleich zu dem Zwecke, der damit erreicht wird, so sind die der Klein- und Mittelstaaten ganz unsinnig und in gar keiner Weise zu rechtfertigen, weil nicht einmal der erste und wichtigste Zweck der staatlichen Selbstständigkeit damit erreicht wird."

Diese Sätze reden für sich selbst und finden einen glänzenden Beleg in der Geschichte des Jahres 1866. Die Kosten für auswärtige Angelegenheiten — im Jahr 1864 waren vom Herzoglichen Staatsministerium an „Bundeskosten und Aufwand für Gesandtschaften und Consulate" 212,092 fl. 15 kr. angefordert — betragen nach einer Berechnung des genannten Pfeiffer, von der Gesammtsumme der eigentlichen Regierungsausgaben in Preußen $1_{/0}$ %, in Nassau aber $4_{/6}$ %; und nach ihm muß jede nassauische Familie (von 5 Köpfen) im Durchschnitt per Jahr 1 Thlr. 9 Sgr. für „auswärtige Angelegenheiten" aufbringen. Rechnet man die in Nassau seit 50 Jahren für „auswärtige Angelegenheiten"

verausgabten Gelder zusammen, so kommt eine höchst bedeutende Summe
heraus, die man aber als „rein zum Fenster hinausgeworfen" betrachten
muß, — da die Repräsentation eines Klein=Staats von dem geringen
Umfang und der nichtssagenden Macht Nassau's ohne alles Ansehen und
ohne jede Bedeutung ist und niemals und nirgends einem nassauischen
Bürger Schutz und Beistand zu gewähren vermochte.

Soviel von der Domänenfrage und der Steuerlast.

Dritter Abschnitt.

Recapituliren wir.

Octroyirungen von Gesetzen über die wichtigsten Materien von Anfang an;

schnöder Bruch des verbrieften Landes- und Verfassungsrechts;

Lückenhaftigkeit und Unklarheit der Gesetzgebung, namentlich auch der in „die Seele der Landstände gegebenen";

die Macht der Landstände — ein „Schattenbild" vom Beginn bis zum Ende des angeblich „constitutionellen Lebens";

die Verwaltung nach dem Vorbild französischer Präfektenwirthschaft;

die Justiz in unnatürlicher Verbindung mit der Polizei;

die Büreaukratie herrisch und unantastbar und mehr für ihre Interessen als die des Landes besorgt;

anstatt eifriger Pflege der volkswirthschaftlichen Bedürfnisse — „unerhörtes" Spiel mit der ganzen wirthschaftlichen Zukunft eines Volkes;

zarte Fürsorge mehr für die „Thiere des Waldes" als den steuerzahlenden Landmann;

in der Domänensache schwere Beugung des alten, und dem Volke feierlich zugesicherten Rechts;

die Domänenverwaltung selbst übermächtiger Concurrent auf den wichtigsten Gebieten der Volkswirthschaft;

das Steuersystem principlos — die Steuern schwer und ungleich vertheilt;

Verwendung der Abgaben des Volks für kostspielige „Spielereien", für gänzlich zwecklose Gesandtschaften, für neue „Uniformen" — u. s. w. —

das war die Geschichte des durch die Gnade Napoleon's geschaffenen Klein-Herzogthums Nassau.

In der 9ten Sitzung der ersten Kammer der Ständeversammlung vom 27. Mai 1864 bemerkte der Abg. Christian Scholz:

„Die Regierung scheint mir rein unthätig in allem Schaffen „und Wirken im Geiste der Zeit"; „man sieht nichts mehr voran„gehen, als wie etwa Dinge, die durch den Gang der Ereig-

„nisse in dem größeren Vaterlande oder in der Welt überhaupt
„geboten sind und wozu sie mit den Haaren geschleift
„wird"; „in den sonstigen Angelegenheiten (die das Land allein
„betreffen) sieht man kein Gedeihen und kein Voran=
„kommen mehr."

In der 26ten Sitzung der zweiten Kammer vom 19. August 1864 sagte der Abg. Schenck:

„Aber freilich eine Regierung, welche, wie unsere Regierung,
„ihr System nur auf Gewalt und Täuschung gebaut hat,
„kann nur durch solche Mittel sich aufrecht halten."

Man versuchte es 1864 zum ersten=, 1865 zum zweitenmal mit Neuwahlen. Die Opposition des Volks und seiner Vertreter wurde immer energischer, immer erbitterter. Gewaltig wuchs die Unzufriedenheit in die Breite und in die Tiefe. Die Regierung war blind für die „Zei= chen der Zeit."

In der 6ten Sitzung der zweiten Kammer vom 12. April 1866 bemerkte der Abg. Ludwig Born, gelegentlich der Debatte über den von ihm und den Abg. Blum und Eigner gestellten Antrag: die Zurück= ziehung der Verordnung vom 25. November 1851 betreffend:

„Aber ich lebe der Hoffnung, je länger man sich wehrt, und
„je mehr man sich weigert, auf unsere gerechte Forderung einzu=
„gehen, desto mehr werden wir erhalten. Die Zeit naht." — —

Allerdings — nahte sich eine dem System der nassauischen Regie= rung und ihr selbst wenig günstige Zeit — mit starken Schritten. Aber die Regierung sah und hörte nichts.

In der 3ten Sitzung der ersten Kammer vom 11. April 1864 waren Seitens der Regierungscommission die Worte gefallen:

„Wenn man die beispielsweise angeführten Beschwerden näher
„betrachtet, so muß man zu der Ueberzeugung kommen, daß, wie
„einer der Vorredner gesagt hat, unsere Zustände sich keineswegs
„in einer außerordentlichen Lage befinden, sondern
„daß sie im Gegentheil als günstig bezeichnet wer=
„den müssen."

Hartnäckig verharrte die Regierung bei dieser optimistischen An= schauung — mochten sich auch am politischen Horizont die Wolken immer düsterer und drohender zusammenziehen. —

Bequemer war es der süßen aber niedrigen Schmeichelei das Ohr zu leihen als dem rauhen aber gerechten Mahn= und Strafworte.

Am 14. Juni 1866 faßte der Bundestag den bekannten Mobilisirungsbeschluß; man weiß mit welchen Mitteln und mit welchem Recht.

Getreu ihrem System, die Interessen des Landes bei ihren Beschlüssen nie in Erwägung zu nehmen, stellte sich die Regierung, wie auch vorher stets, auf die Seite — Oesterreichs.

Ohne Zustimmung der Stände, und wissend, daß sie diese nie erlangen würde, verschaffte sie sich, ihrem Grundsatz, alle wichtigen Angelegenheiten ohne die Stände zu erledigen, „bis zum Ende getreu", auf eigene Hand einen Vorschuß von 500,000 fl.

Statt den Landtag „bei Zeiten" zu hören, hatte sie ihn für die Zeit vom 17. Mai bis 4. Juni nach Hause geschickt.

Am 27. Juni wurde in der Ständeversammlung über die Frage, ob der Regierung der für die Mobilmachung angeforderte Credit von 500,814 fl. 37 kr. zu verwilligen sei? — verhandelt.

Die liberale Majorität der Ständeversammlung trat nicht blos mit Geschick, sondern auch, — die Geschichte des nassauischen Landes wird dies in ihre Rollen eintragen — entschieden mit Muth für die Interessen und Rechte des Landes ein. Mit 24 gegen 14 Stimmen wurde der Regierung der fragliche Credit verweigert.

„Innere und äußere Gründe, erklärte der Abg. Carl Scholz „am Schlusse des von ihm erstatteten Ausschußberichts, sprechen „dafür, daß die Parteinahme gegen Preußen, der enge Anschluß „an Oesterreich, selbst das militärische Zusammengehen mit einer „österreichischen Brigade, nicht Folge einer reiflichen Ueber„legung — was dem Lande nutzt, — nicht Folge einer „uneigennützigen Bundestreue, sondern Ausdruck „persönlicher Sympathie ist."

„Der deutsche Bund, sagte der Abg. Dr. Siebert, ist niemals „gewesen, was er hätte sein müssen, d. h. eine feste Vereinigung „zu Schutz und Trutz gegen das Ausland und eine Garantie für „die gedeihliche Entwickelung der wirthschaftlichen und politischen „Interessen im Innern;" und weiter: „ferner hat der Herr Reg.-Com„missär mich der Ungerechtigkeit beschuldigt, da ich in meinem Vortrage „blos der Verdienste Preußens gedacht habe. Wahrlich, meine Herren, „wenn Jemand mit Wärme der Verdienste des preußischen Volks „während der Befreiungskriege gedenkt, dann wird es ihm wohl „gestattet sein, des Obelisken auf dem Louisenplatze (zur Erinne„rung an die bei Waterloo gefallenen Nassauer) zu vergessen; denn

"leicht könnte er sich daran erinnern, daß zu der Zeit, als das
"preußische Volk sich gegen den Dränger Deutschlands erhob,
"Nassau und seine Nachbarländer die Ketten des
"Rheinbunds schmachvoll trugen und dem Kaiser Na=
"poleon die Soldaten stellten, die auf das Erbit=
"tertste gegen die Befreier Deutschlands fochten."
Und der Abg. Dr. Braun bemerkte:

"Unsere materiellen Interessen weisen uns darauf hin, mit
"dem preußischen Volke keinen unnützen Streit vom Zaune
"zu brechen;"
und weiter:

"Ich bin der Meinung, je mehr Geld und Waffen wir in
"diesen klaffenden Schlund (Bürgerkrieg) hineinwerfen, desto größer
"wird er werden, und desto eher wird er auch uns ver=
"schlingen."

Am 6. Juli lehnte die nassauische Ständeversammlung den wieder=
holt für die Mobilmachung Seitens der nassauischen Regierung angefor=
derten Credit wiederholt ab, — und zwar diesmal mit allen gegen zwei
Stimmen. Damals bemerkte der Abg. Dr. Braun:

"Die kleinen deutschen Länder können sich nicht dadurch er=
"halten, daß sie der Bevölkerung Ruhmesglanz und Siegeslor=
"beeren entgegenbringen; Militärstaaten oder kriegsfähige Mächte
"sind sie nicht und werden es nicht werden. Darum sollen sie,
"statt durch Kriegsruhm glänzen zu wollen, es vorziehen, Begrün=
"der der bürgerlichen Freiheit und Missionäre der Civilisation, der
"Cultur, des Friedens und der Wohlfahrt zu werden.

Dann werden sich die kleinen Regierungen in Eh=
"ren erhalten; wenn nicht — nicht."

In derselben Sitzung der nassauischen Ständeversammlung vom 6.
Juli sagte der Abg. Dr. Lang:

"Es ist ein öffentliches Geheimniß, daß die Kof=
"fer Derjenigen, welche den Krieg verschuldet haben,
"bereits gepackt sind."

Auf ein an den Fürsten von Hohenzollern unterm 7. Juli l. Js.
gerichtetes Schreiben des Herzogs wurde dem letztern folgende Antwort
zu Theil:

"Ew. Hoheit haben mich unter dem 7. l. M. mit einem
"Schreiben beehrt, welches auch durch die Zeitungen zu weiterer

"Kenntniß gekommen ist. Es trägt denselben Stempel der Ueber-
"hebung, welche die Politik Ew. Hoheit während Hochdero Regie-
"rung charakterisirt. — Das Herzogthum Nassau, wie dessen Ter-
"ritorialbestand unter der Fremdherrschaft gebildet, war durch die
"Gemeinschaft der wichtigsten Interessen auf eine Anlehnung an
"die Politik Preußens angewiesen. Die Herzogliche Regierung
"ist jedoch jeder Zeit auf Ew. Hoheit persönliches Betreiben im
"Widerspruch mit den Wünschen und Interessen des Landes bestrebt
"gewesen, innerhalb ihrer Sphäre der Königlichen Regierung mög-
"lichst viel Schwierigkeiten zu bereiten; sie hat nicht wenig dazu
"beigetragen, den gegenwärtigen unnatürlichen Kampf vorzubereiten
"und zu entzünden. Der Gang der Ereignisse überhebt mich der
"Mühe, auf die Kritik von Maßregeln der Herzoglichen Regierung,
"zu welchen Ew. Hoheit sich veranlaßt gesehen haben, näher einzu-
"gehen; weitere Folgen der von Hochderselben befolgten Politik
"werden nicht auf sich warten lassen."

Eine zu Nr. 15 des nassauischen Verordnungsblatts ausgegebene
Extrabeilage brachte dann folgendes Manifest:

"An mein Volk."

"Nassauer! Der Feind der deutschen Bundessache nimmt seit
"gestern eine Stellung ein, die mich nöthigt, um nicht nach einem
"in der Geschichte der Civilisation einzig dastehenden Beispiel der
"letzten Wochen in Kriegsgefangenschaft zu gerathen, Euch auf —
"so Gott will — kurze Zeit zu verlassen."

"Ich eile zur Armee, weil ich dort bei Eueren Söhnen und
"Brüdern unter Nassau's Fahnen wenigstens für einen Theil
"meiner Landeskinder sorgen zu können hoffe."

"Die Herzogin, meine Gemahlin, und meine Kinder lasse ich
"als theure Pfänder in Eurer Mitte zurück. Nächst der göttlichen
"Vorsehung befehle ich sie Eurer Obhut: möge der Allmächtige sie
"und Euch Alle in seinen heiligen Schutz nehmen und der guten
"Sache endlich zu ihrem Rechte verhelfen."

"Bewahret mir die alte nassauische Treue und Anhänglichkeit,
"die Ihr mir so oft bewiesen und bei dem seltenen Feste, welches
"wir vor noch nicht zwei Jahren zusammen gefeiert haben, auf
"so rührende Weise von Neuem gelobt habt."

"Welches Geschick auch über uns verhängt sein möge, ich werde

„die Ehre Nassau's hoch halten und meine Pflichttreue und Liebe „zu Euch bis zum letzten Herzschlage bethätigen."

„Bauet auf mich, wie ich auf Euch baue; so wird Gott uns „nicht verlassen."

„Biebrich, den 15. Juli 1866."   „Adolph."

Zur gründlichen Würdigung dieses Manifests muß man die oben mitgetheilte Proclamation vom 5. März; ferner die vom 9. April 1848, worin es heißt: „Nassauer! — als ich Euch am 4. März d. Js. Eure Forderungen bewilligte, da erneuertet Ihr vor Gott und Menschen in lauten Zurufen den Bund der Treue, der von jeher zwischen uns bestanden hat. Treue um Treue — war das Losungswort, mit dem wir damals schieden! Mein Fürstenwort habe ich heilig gehalten;" — und an einer anderen Stelle: „das freie Vereinigungsrecht wird in Stadt und Land in weitester Ausdehnung ausgeübt; durch das neue Wahlgesetz, welches ich am 5. l. M. (April!) dem Lande verkündigt habe, ist die Volksvertretung auf der breitesten Grundlage errichtet;" — — endlich das Edikt vom 25. November 1851, worin das Gesetz vom 5. April 1848 und die unter dem 28. December verkündigte Zusammenstellung des in Nassau geltenden Staatsrechts wieder „zerrissen" werden — — zur Hand nehmen.

Am folgenden Tage — am 16. Juli — erschien folgende Proclamation:

„Die Regierungsgewalt über das Herzogthum Nassau, die Stadt „Frankfurt und deren Gebiet, sowie über die von mir occupirten „Landestheile des Königreichs Bayern und des Großherzogthums „Hessen geht zur Zeit auf mich über. Die in den genannten Län„dern fungirenden Verwaltungsbeamten verbleiben vorläufig bei „ihren Stellen, haben aber fortan allein von mir Befehle anzu„nehmen, deren präciser Ausführung ich entgegengekommen wissen „will. Hauptquartier Frankfurt a. M., 16. Juli 1866. Der „commandirende General der Main-Armee: v. Falkenstein."

Am 7. August 1816 waren in Nassau im Weg der Verordnung 4 Simpel ausgeschrieben und „die Casse in den Besitz der Entschädigung für die Domänengefälle gesetzt worden". Empört über dieses Verfahren schrieb Stein bald darauf an die Fürstin Amalia von Anhalt-Schaumburg, die Tante des damaligen Herzogs:

„Nur zu wahr ist die Aeußerung des Herrn Dr. Jasson, daß „ein gerechtes Ohr der gerechten Sache fehlt. Zu den Staatsbe-

„bürfniſſen bedarf es nicht der im Jahr 1816 ausgeschriebenen
„4 Simpeln, da man ſelbſt zur Zeit der Napoleoniſchen Regierung
„nur fünfe erhob und brauchte; — gegenwärtig hat ſich aber die
„Einnahme vermehrt, durch den erhöhten Stempel und Confir=
„mationsgebühren, durch den Ertrag des Octroys in Caub und
„durch die Theilnahme an der franzöſiſchen Kriegsſteuer, vermindert
„hat ſich hingegen die Ausgabe durch die Ueberlaſſung eines Regi=
„ments in Niederländiſchen Sold und durch Verminderung des
„anderen, endlich durch die Erlöſchung einer fürſtlichen Linie.

„Ew. Durchlaucht werden ſich wohl aus allen dieſen Vorgängen
„überzeugen, daß man ſyſtematiſch und rückſichtslos und höhnend
„von einem Gewaltſtreich zum anderen fortſchreitet und daß der
„Sinn für Wahrheit und Recht ganz fehlt.

„**Die Zeit wird kommen, wo dieſer Frevel be=**
„**ſtraft wird und wo die Vorſehung ſtrenges Gericht**
„**über die Frevler halten wird; ich habe hieran nicht**
„**den mindeſten Zweifel.**"

978-3-74286-767-4

Freiherr Carl vom Stein und das Kleinstaatentum ist ein unveränderter, hochwertiger Nachdruck der Originalausgabe aus dem Jahr 1866.
Hansebooks ist Herausgeber von Literatur zu unterschiedlichen Themengebieten wie Forschung und Wissenschaft, Reisen und Expeditionen, Kochen und Ernährung, Medizin und weiteren Genres.Der Schwerpunkt des Verlages liegt auf dem Erhalt historischer Literatur.Viele Werke historischer Schriftsteller und Wissenschaftler sind heute nur noch als Antiquitäten erhältlich. Hansebooks verlegt diese Bücher neu und trägt damit zum Erhalt selten gewordener Literatur und historischem Wissen auch für die Zukunft bei.

ISBN/EAN: 978-3-74286-767-4
www.hansebooks.com

hanse